新时代大学生教育发展与创新研究

田爱婷　王德生◎著

中国原子能出版社

图书在版编目（CIP）数据

新时代大学生教育发展与创新研究 / 田爱婷，王德

生著.--北京：中国原子能出版社，2023.12

ISBN 978-7-5221-3239-6

Ⅰ. ①新⋯　Ⅱ. ①田⋯②王⋯　Ⅲ. ①大学生–教育

管理–研究　Ⅳ. ①G647

中国国家版本馆 CIP 数据核字（2024）第 004711 号

新时代大学生教育发展与创新研究

出版发行	中国原子能出版社（北京市海淀区阜成路 43 号　100048）
责任编辑	杨　青
责任校对	冯莲凤
责任印制	赵　明
印　　刷	北京天恒嘉业印刷有限公司
经　　销	全国新华书店
开　　本	787 mm×1092 mm　1/16
印　　张	15.25
字　　数	230 千字
版　　次	2023 年 12 月第 1 版　2023 年 12 月第 1 次印刷
书　　号	ISBN 978-7-5221-3239-6　　　　**定　价　76.00 元**

发行电话：010-68452845　　　　　　版权所有　侵权必究

前　言

　　随着我国社会经济的快速发展，高等教育逐渐成为国家竞争力的核心要素。新时代大学生教育发展与创新研究，旨在回应新时代教育的挑战与机遇，推动我国大学生教育事业的持续健康发展。

　　本书围绕新时代大学生教育发展与创新这一主题，从多个维度进行了深入剖析。首先，通过对新时代国内外教育发展趋势的梳理，为我国大学生教育发展提供了理论依据和实践参考。其次，分析了新时代大学生教育面临的新形势、新任务和新挑战，为创新教育理念、模式和方法提供了现实基础。再次，本书重点探讨了大学生思想政治教育、创新创业教育、素质教育、个性化教育等方面的创新发展。这些探讨既包括理论阐述，也包括实证研究，旨在为我国大学生教育改革提供有益借鉴和启示。最后，本书还关注了教育技术现代化、教育治理体系改革等热点问题，探讨了如何利用现代信息技术提升教育教学质量、如何优化教育管理体制，为新时代大学生教育创新发展提供有力支持。

　　新时代大学生教育发展与创新研究，既是对过去几十年我国大学生教育经验的总结，也是对未来发展趋势的展望。希望本书能为我国大学生教育事业的发展和创新提供有益的参考和启示，助力高校培养一批具有创新精神、创业能力、社会责任感和全球视野的优秀青年人才，为实现中华民族伟大复兴的中国梦贡献力量。

由于笔者水平有限，书中难免有不足之处，恳请广大读者批评指正。

目　录

第一章　时代在召唤：大学生的使命担当

当前世界正经历着大发展大变革大调整，我们党面临着复杂的执政环境。在这种情况下，我们要始终保持清醒头脑，坚定中国特色社会主义道路，积极应对各种挑战。在应对外部环境变化的过程中，我们要把握世界大势，坚定中国特色社会主义道路，增强"四个自信"，推动马克思主义中国化不断发展。在当前复杂多变的国际国内背景下，大学生肩负着重要的使命和责任，积极为国家和社会发展贡献智慧和力量。在实现个人价值的同时，为全面建设社会主义现代化国家和实现中华民族伟大复兴的中国梦作出贡献。

第一节　当代大学生所处的时代环境分析

在人类社会发展的历史进程中，国家的发展战略需要根据国际环境状况及其发展态势来制定和执行。如果执政理念和政策能够顺应国际环境大势，就能带动党和国家事业取得重要进步。反之，如果逆世界潮流而动，就会将国家和民族引向发展困境，甚至带来亡国灭种的危险。我国一直以来都高度重视国际环境的变化，积极参与全球治理，顺应世界发展潮流。我国秉持和平、发展、合作、共赢的外交理念，致力于推动构建人类命运共同体，为世界和平与发展作出了积极贡献。在新的历史时期，我国将继续坚定支持世界多极化、经济全球化、文化多样化、社会信息化的发展，推动全面深化改革，扩大对外开放，加强与各国的交流与合作，推动构建更加公正、合理的国际秩序，为人类进步事业贡献智慧和力量。同时，我们也要看到，当前世界面临诸多挑战，如恐怖主义、贫富分化、气候变化等。这些问题超越了单一国家的治理能力，需要各国携手共同应对。在这个过程中，我国将发挥负责任大国的作用，积极参与全球治理，为解决世界性难题贡献中国智慧和中国方案。

一、世界多极化不可逆转，霸权主义和新干涉主义有所抬头

随着时间的推移，国际关系的演变和调整，以及各国之间竞争和合作的不断深化，国际格局的"极"也在不断变化。从军事力量到经济、科技、文化等综合国力的竞争，体现了世界各国实力的此消彼长。

在近代以来国际关系的发展史上，我国曾经经历过苦难和挣扎，也进行了不屈不挠的抗争和奋斗。在新中国成立后，特别是改革开放以来，我国综合国力逐步提升，国际地位日益提高，逐渐在国际格局中占据一席之地。我国始终秉持和平发展的理念，致力于与世界各国建立和发展友好合作关系，为维护世界和平与稳定作出了重要贡献。

冷战结束以来，全球化一体化进程加速，我国积极参与全球治理，推动国际秩序朝着更加公正、合理的方向发展。在我国的推动下，经济、科技、文化等领域的合作日益深入，为世界各国的发展带来了新的机遇。同时，我国在国际事务中的影响力也在不断提升，为维护国家主权、促进世

界和平与发展发挥了重要作用。

　　未来，我国将继续秉持和平、发展、合作、共赢的外交理念，进一步提升综合国力，为构建人类命运共同体贡献力量。在多极化的国际格局中，我国将努力发挥负责任大国的作用，推动国际秩序朝着更加公正、合理的方向发展，为世界和平与发展作出新的贡献。

　　在这个过程中，我国将继续加强与世界各国的交流与合作，推动经济、科技、文化等领域的共享发展，为世界各国人民创造更多福祉。同时，我国也将坚决维护国家主权和领土完整，捍卫国家利益，为世界和平与发展提供坚实保障。

（一）多极化已经成为不可逆转的趋势

　　在东欧剧变之后，资本主义和社会主义国家的对立逐渐缓和，各国开始集中精力发展国内经济和社会事业。美国成为世界唯一的超级大国，而日本、欧盟的实力也在不断提升，第三世界国家逐步崛起。全球力量对比呈现出"一超多强"的格局，其中单极力量占据主导地位，多极力量相对较弱。然而，进入 21 世纪后，尽管国际格局总体未变，但各国经济实力的消长使世界力量对比发生微妙变化，单极与多极之间的差距逐渐缩小。种种迹象表明，随着美国相对衰落，世界正朝着更为稳定的多级体系转变，单极权力将逐渐被新兴大国的崛起所消解。

　　近年来，美国整体实力减弱，世界霸主地位备受冲击。2007 年，美国爆发严重的次贷危机，导致银行倒闭、金融崩盘等连锁反应。危机对美国实体经济造成重创，国内工业生产下滑，房地产行业低迷，国民消费萎缩。许多次级抵押贷款机构破产，投资基金纷纷关闭，股市剧烈震荡。次贷危机引发的信贷危机使美元世界货币地位动摇，美国经济面临严重下行风险。此外，次贷危机还导致美国总体经济实力和对外竞争力被严重削弱。据世界经济论坛全球竞争力排行榜，美国在 2008 年位居世界第一，到 2013 年已降至世界第七。这表明，美国金融危机成为改变世界格局的重要因素，世界多极化发展进入新阶段。

尽管如此，美国综合国力相较于其他国家仍具优势。政府为应对危机采取了一系列补救措施，使美国保持世界最大经济体地位。尤其是 2017 年特朗普上任后，推行"美国优先"政策，国内经济短期内迅速好转，重回全球竞争力排行榜前列。据世界经济论坛发布的《全球竞争力报告》，2016—2017 年，美国全球竞争力指数升至世界第三；2017—2018 年升至全球第二。2018 年 10 月最新报告显示，美国全球竞争力在过去一年迅速攀升，重新回到世界第一宝座。

受到美国次贷危机和欧洲债务危机的影响，英国、法国、德国等欧洲主要国家曾出现大量公司倒闭和失业现象，经济发展总体呈现下滑趋势。这导致欧盟在世界经济中的地位受到冲击，甚至有被新兴经济体赶超的风险。经济颓势也使欧洲国家面临前所未有的"离心力"，如英国脱欧事件持续发酵，欧洲一体化进程遭遇困境。

然而，欧元和英镑作为重要的国际储备货币，在全球外汇储备中仍占据较大比重，确保了欧盟在全球金融体系中的重要地位。在欧洲各国政府实施内需刺激政策的作用下，近年来欧洲经济逐步复苏，增速超出预期。

作为集政治经济实体于一身、世界最具影响力的区域一体化组织，欧盟的整体实力在未来相当长一段时间内仍不容小觑。欧盟将继续发挥重要作用，支撑国际格局向多极化发展。

自 21 世纪起，日本凭借持续强劲的国内市场，逐步摆脱了 20 世纪 80 年代泡沫经济的影响，经济呈现缓慢复苏态势。关键在于，日本通过实施"贸易立国""技术立国"和"科学技术创造立国"等战略，科技竞争力始终保持在世界前列。特别是近年来，世界经济下行压力减弱，为日本经济提供了良好机遇，实现持续回暖和有限增幅。

凭借作为发达国家的经济和科技实力，日本在未来相当长的时期内将继续在国际经济科技竞争中占据优势地位，成为推动世界格局向多极化发展的重要支撑力量。

俄罗斯经济自 2014 年以来受到国际油价低迷、西方经济制裁等因素的影响，加之自身经济结构不合理，一度面临严重困难。然而，普京政府及时调整应对策略，自 2017 年起，俄罗斯经济逐步走出衰退困境，对外贸易和投资持续增长，居民薪资收入回升，国内经济呈现稳定好转趋势。目前，俄罗斯经济已接近其在当前经济结构下所能达到的峰值。

此外，作为安理会常任理事国，俄罗斯在当今国际事务中发挥重要作用，承担特殊责任。在欧洲和亚太地区，俄罗斯具有较大影响力，成为维护世界格局多极化的重要力量。

近年来，以金砖五国为代表的新兴经济体发展迅猛。与老牌资本主义国家经济复苏乏力形成鲜明对比，金砖国家在世界金融危机后从自身国情出发，制定并实施积极的经济政策。中国和印度始终保持较高水平的经济增长，巴西、俄罗斯、南非的经济状况也迅速恢复。

此外，金砖国家之间相互支持、务实合作，取得了一系列重要的合作成果，为世界经济企稳复苏作出突出贡献，让广大人民切实感受到实惠。

近年来，非洲经济逐渐复苏，拉美经济趋向回暖，新兴市场国家和一大批发展中国家加速发展，经济实力和国际影响力不断提升。这些国家迫切希望表达政治诉求，参与国际事务的能力日益增强。这被视为近代以来国际力量对比中最具革命性的变化，加速推动世界格局向多极化发展。

（二）霸权主义抬头，成为世界多极化发展的主要障碍

尽管世界多极化趋势日益增强，但在较长一段时间内，美国仍然保持着强大的实力和影响力，其"一超"地位短期内不会发生根本性动摇。正如美国学者马斯坦杜诺所说，在当今主要大国中，唯有美国具备全部大国权力特征：军事、经济，以及约瑟夫·奈和其他人所说的意识形态或文化权力的"软"权力特征。

凭借这种无人能及的绝对实力，美国依赖其超级大国地位，继续在全球范围内推行霸权战略。它极力推广"美国式"的民主观、价值观、人权观，甚至不惜通过政治孤立、经济制裁、军事打压等手段，维护其在国际政治经济领域的绝对权威。美国的单边主义和新干涉主义政策不断升级，导致一些地区长期动荡和战乱，成为阻碍国际关系民主化的主要障碍。

在 21 世纪初，"9·11"恐怖袭击的阴影尚未消散，美国便开始在全球范围内扩大军事影响力，大规模地进行所谓的"反恐"行动，对其恐怖主义名录上的国家和地区频繁地进行军事打击。2008 年，奥巴马当选美国总统后，接过了小布什发动的阿富汗和伊拉克战争，多次推迟撤军计划。此后，美国介入叙利亚内战，对利比亚实施军事行动，以反恐为名，空袭巴基斯坦、索马里等地。这场反恐战争不仅耗费了大量资金，给美国国内带来了沉重的财政压力，还导致参战国家的人员和民众伤亡惨重，使美国陷入国际舆论的漩涡。美国在 2011 年提出了"重返亚洲"政策，其主要目的是在亚太地区遏制我国的发展，实现地区霸权。为了实现这一目标，美国加速推进"亚太再平衡"战略，利用一些周边国家对我国发展的担忧，将军事和战略重心转向亚太地区，进一步加

强美国在该地区的军事部署。美国为了全面限制我国，选择了全方位加强与其亚洲合作伙伴的联络，特别加大了对日本的依赖，极力提升美日联盟的重要性。由于自身利益的驱动和霸权主义的煽动，我国周边的一些国家在领土、主权等关键问题上对中国频繁产生争议，给我国周边的安全带来了负面影响。

必须要认识到的是，随着我国国力的提升，西方资本主义国家对我国发展的遏制从来没有停步。它们用尽各种方式加快对中国共产党的攻击，故意抹黑中国共产党带领中国社会的发展历史，有意否定中国社会发展的合法性，甚至企图在我国策划"颜色革命"。全球各地的冲突与争端屡见不鲜，原因包括大国势力扩张、战略要地争夺、民族仇恨、宗教矛盾和历史遗留问题。此外，宗教极端主义、民族分裂主义和恐怖主义依然是国际社会的安全隐患，同时，网络安全等非传统安全问题日益突出。这些议题在不同的程度上波及我国，诱发我国对外关系的风险，并对我国的国际环境产生负面影响。

总的来说，当前世界正迈向一个变革加速的历史阶段。和平、发展和进步的力量能够战胜战争、贫穷和落后的困境。全球多极化趋势不断深化，新兴发展中国家的崛起成为历史的必然。然而，在国际舞台上，单极与多极的竞争仍然深远且复杂，美国作为超级大国，仍是全球矛盾和冲突的主要推动者。近些年，中国经济保持旺盛的发展势头，未来在国际秩序的变革中，有望成为独立的"极"或与其他国家共同形成"极"。在这种情况下，只有准确识别当前中国所面临的风险和障碍，并及时采取有力措施，才能在世界多极化的发展变革中实现利益最大化、避免风险。

二、经济全球化向纵深发展，影响世界经济的不稳定不确定性因素增多

自全球化的浪潮兴起，各国通过对外贸易、资本流动、技术转移、人员交流等途径，共同推动了世界经济的持续发展，形成了紧密相连的世界经济格局。虽然后危机时期，经济全球化面临诸多挑战，但其发展趋势仍然不可阻挡。经济全球化不仅促进了国际经济的深度融合，还为全球范围内的资本流动、技术进步和产业升级注入了强大动力。

从国家层面来看，无论是新兴经济体还是发达经济体，国内贸易与国际经济都有着紧密的联系；从地区层面来看，各大洲之间的经济贸易发展离不开国际大市场的互联互通；从产业层面来看，传统产业和新兴业态均需要依托全球产业网络构建发展平台；从行业层面来看，贸易和投资都需要充分利用国际金融大平台。

近年来，以互联网、移动互联网、大数据、云计算、智能化、物联网等为新经济模式的代表，世界经济更加紧密地联系在一起。科技创新和进步迫使世界经济实现互联互通。值得关注的是，自 20 世纪 80 年代起，中国及其他新兴经济体发挥自身优势，积极应对经济全球化，在全球经济中迅速崛起。

进入 21 世纪，发展中国家整体实力持续增强，国际力量对比逐渐平衡，新兴市场国家在全球化进程中的角色越发重要。据国际货币基金组织统计，发展中国家 2013 年国内生产总值历史上首次超过发达国家，成为拉动世界经济增长的主要力量。此外，新一轮科技和产业革命正在孕育兴起，国际分工体系加速演变，全球价值链深度重塑，为经济全球化赋予了新的内涵。

经济全球化既有助于世界经济的发展，也伴随着负面因素，这些因素

在全球经济发展中产生了不良影响。国际金融危机的深远影响不断显现，导致世界经济增长疲软，贫富差距加大。虽然经济一体化总体指标相对稳定，但具体指标频繁波动，使得世界经济走向难以预测。发达国家为维护全球贸易优势，采取贸易保护主义政策，人为地制造贸易壁垒。

全球经济一体化面临四个主要挑战：反全球化力量日益壮大，发达国家成为其主要力量；多边机制运行受阻，世界经济主导权争夺激烈；亚太地区经济发展遭遇困境，新兴市场国家承受通胀压力和保护主义政策；全球经济复苏缓慢，贸易和投资低迷。然而，从总体上讲，经济全球化给中国经济发展带来的机遇仍然大于挑战。

一方面，中国改革开放不断深化，使中国经济与世界经济更加紧密相连，合作领域不断拓展，层次逐渐深化，融合程度更高。中国作为经济全球化的直接受益者，应继续推动和捍卫经济全球化发展。另一方面，全球经济复苏艰难，增长动力不足，经济全球化进程充满曲折，贸易、投资疲软等问题相互交织，与中国经济发展遇到的瓶颈、运行效率放缓等问题相互影响，使中国在全球化过程中面临实体和结构层面的挑战。

此外，西方国家的贸易保护主义政策对中国对外贸易发展产生了较大冲击。以中美贸易冲突为例，特朗普政府实施贸易保护主义政策，针对包括中国在内的制造业大国进行反倾销反垄断调查。自 2018 年 2 月起，特朗普政府多次宣布对中国商品加征反倾销关税；4—6 月间，美国政府发布对中国"知识产权侵权"和含有"重要工业技术"的商品加征关税清单，分别对 500 亿美元商品征收 25%的关税。随后，美国分两批对清单上的中国商品执行加收关税政策。2018 年 7 月，美国政府进一步增加对华加征关税清单，威胁将对 2 000 亿美元中国产品加征关税。2018 年 8 月 19 日，特朗普宣布正式对中国发起 301 调查，使中美贸易战再度升级。

2019 年 5 月，特朗普不顾中国强烈反对，以维护国家安全为名，再次宣布加收中国输美产品关税，并对中国本土企业进行严重打压，中美贸易摩擦再度升级。作为回应，自 2018 年 4 月起，中国在遵守国际贸易基本准则的前提下，开始对美国输入中国的部分商品开展反倾销调查；同年 7 月，中国正式实施对美部分进口商品加征关税措施；8 月 23 日，中国在世贸组织起诉美国 301 调查和对华输美产品实施的征税措施。

这场由美国挑起的中美贸易摩擦，对两国经济正常发展和世界经济平稳运行带来诸多不利。中国政府一方面坚守底线原则，采取有力措施，坚决回击美国的经济霸权行为，同时尽最大可能争取同美国通过和平谈判方式解决两国贸易争端。

总之，尽管经济全球化给中国经济发展带来压力，但回避和应付并非良策。中国要发展、要壮大，必须以更加开放包容的姿态，主动迎接经济全球化的机遇和挑战，支持多边贸易体制、推动发展自由贸易，与世界各国共同努力，实现共赢发展。

三、科技进步向纵深推进，为中国实现创新驱动发展战略提供新契机

科技进步是推动现代国际关系演变和国际环境变化的重要力量。当前，世界科技快速发展，创新成果不断涌现，新发明、新技术广泛应用于人类生产生活的各个领域，新材料、新产品更新换代周期缩短，新媒体、互联网、大数据、人工智能、生物技术等代表的第四次科技革命势头强劲。科技全球化已成为不可逆转的时代潮流，对人类社会的影响跨越国家边界，广泛渗透到全球经济、社会、环境、能源、国家安全等领域。

科技全球化的新发展主要表现在：科技和创新资源在全球范围内迅速流动，各国科技及相关领域联系日益紧密，人才交流、知识产权、技术转移等成为经济全球化议题的核心；科技多极化趋势日益明显，全球科技治理范围从单纯技术层面扩展至制度机制层面，为全球科技发展和创新驱动作用发挥创造更加有利的条件；全球科技治理内容更加丰富，涵盖传统科技合作，以及贸易、投资、金融等重要议题与科技创新的结合，还涉及全球科技资源流动、对发展中国家科技援助等方面。

面对科技进步全球化、纵深化发展趋势，各国纷纷选择推动创新驱动发展、参与全球科技治理，以实现经济持续增长。

新中国的成立标志着中国历史翻开了崭新的一页。在此背景下，中国共产党成为全国范围内执政的党，带领人民追求幸福美满的生活。然而，在新中国成立后的较长一段时间里，我国的科技发展相较于全球科技革命的迅猛势头，整体水平尚待提高，各领域发展也不够平衡，社会生产大多数仍采用粗放型发展模式。

自从改革开放以来，尤其是 21 世纪以来，我国在科技强国战略的引导下，科技发展取得了显著的飞跃。科技创新和研发水平不断提高，已经在航空航天、纳米、生命科学、大数据等重要领域取得了突破，位居世界前列。

当前，我国正面临着深化经济体制改革与加速经济发展方式转变的关键阶段。在这个背景下，经济结构的调整迫切需要科技创新发挥引领作用，以及强大的技术支持。全球范围内，新一轮科技革命和产业变革正在兴起，这与我国的经济改革形成了历史性的交汇。因此，我国推出了创新驱动发展战略，以应对这一重大机遇。科技创新是提高社会生产力和综合国力的战略支撑，必须把科技创新摆在国家发展全局的核心位置，坚持走中国特色自主创新道路，敢于走别人没有走过的路，不断在攻坚克难中追求卓越，加快向创新驱动发展转变。

在我国现代化建设的进程中，社会民生领域对科技创新的需求日益增长。将科技创新与教育文化、卫生健康、生态文明建设相结合，已成为我国科技发展的必然趋势。为此，我国在未来追求科技进步的道路上，需要积极应对新环境，以变革与创新为动力，深化科技体制改革，全面提升科技创新能力，推进科技成果转化，加强知识产权的开发与保护，努力打造"大众创业，万众创新"的创新环境，真正将科技创新成果转化为推动新时代中国特色社会主义事业发展的战略动力。

四、全球性问题凸显，打造人类命运共同体成为各国人民的共同愿望

21 世纪是面临全球性问题的时代。全球性问题指的是在全球范围内发生，影响全人类生存与发展的严重问题，或者在某一地区发生但对全球产生广泛影响的重大问题。如今，世界形势正处在加速变革的历史阶段，经济全球化和社会信息化程度不断加深，在极大地解放和发展社会生产力的同时，也使得世界各国、各民族、各地区的交流互动达到前所未有的力度，人类社会面临着前所未有的发展机遇和挑战。

全球性问题给国家发展既带来了机遇和推动力，也带来了危机和挑战。从机遇和推动力角度看，国家对全球性问题的认知程度、应对态度、处理方式等，都深刻影响着国家发展战略的调整和实施。如果国家能够积极应对、妥善处理全球性问题，不仅有助于本国迅速摆脱全球性问题的制约，也有利于培育国家内部组织和民众的全球合作意识，实现国家利益和全球利益的交汇融合，从而增强国家适应和引领国际社会未来发展的能力。

从危机和挑战角度看，当今世界全球性问题错综复杂，变化无常，给国家认识和应对这些问题带来了更大的困难。人口问题、生态环境问题、资源能源问题、金融贸易问题、恐怖主义问题、核安全问题、网络安全问题、卫生问题、贫困问题等诸多问题相互交织，使得全球性问题不仅涉及领域增多、范围更广，而且还呈现出重点转移、挑战加剧、后果严重、应对困难等新特点。

全球性问题对未来的国际社会发展方向和制度建设产生了深远影响。虽然民族国家仍然是国际社会的主体，但面对全球性问题带来的众多挑战，即使是超级大国也无法完全掌控，更不用说独立应对和解决了。因此，对于所有国家来说，"全球性问题给国家带来的挑战及其解决途径已成为国家面临的核心问题"。

鉴于全球性问题无法仅靠一国的力量来解决，参与全球治理的国家在实践中不得不在一定程度上让渡部分国家利益，以实现各国间的权益平衡。因此，全球性问题的解决过程充满了各国之间的战略博弈，挑战着民族国家的主权、意志、利益和能力，甚至引发了一些国家对参与全球治理的担忧。

面对全球性问题的客观现实，国家需要从国家层面正确认识自身的优势和劣势，发挥优势，避免劣势，积极适应并主动应对全球性问题的严重挑战。从全球层面来看，全球性问题已经超越了意识形态、社会制度、国际和国内界限，成为世界各国共同面临的治理难题。

因此，关注和解决全球性问题需要国际社会的共同努力。这不仅关系到国际秩序的重新定位和国际体系的重建，而且对未来的国际社会体制改革和规范重建具有深远影响。

解决全球性问题需要全球性的策略。在面临越来越多的全球性挑战时，加强全球治理和推动全球治理体系变革已成为不可阻挡的潮流。针对这一重大议题，各国政府和学术界从不同角度提出了各自的观点。然而，由于各国国家利益和战略目标的不同，以及各文明之间在价值观念上的差异，国际社会在很长一段时间内未能就全球治理方案达成一致意见。

"在 21 世纪，全球体制、权力分配以及各国的政治和经济，是将主要体现西方的价值和利益，还是将由伊斯兰国家、中国等国的价值和利益来主导？"这是一个关乎全球治理格局的关键问题。

这是西方学者针对全球治理提出的时代课题。作为全球舞台上的关键角色，我国在面对全球性问题解决方案时，应有自身的见解。我国关于全球治理的思维理念、道德准则和实践愿景，对未来全球治理架构的转型与发展将产生深远影响。如今，全球性问题与我国改革发展过程中凸显的深层次问题相互牵绊，为我国推进中国特色社会主义事业带来了新的机遇与挑战，同时也使我国党和政府认识到积极应对全球性问题的迫切性与重要性。面对全球性挑战，没有哪个国家可以置身事外、独善其身，世界各国需要以负责任的精神同舟共济、协调行动。因此，我们党提倡以构建人类命运共同体为根基和目标，建立全球治理的框架规范。这不仅突破了传统体制下的对立思维和"零和博弈"策略，拓宽了各国利益的交汇点，同时有助于保障我国人民的根本利益及世界人民的共同利益，对推动全球一体化治理具有重大的参考意义。正因为如此，人类命运共同体理念一经提出，便得到了包括联合国在内的大量国际组织的积极响应，并被纳入联合国多个国际文件，成为众多国家一致认可和遵循的重要国际准则。

五、世界文明交流融合，意识形态领域斗争更加深刻复杂

一个国家和民族的文明是其共同的记忆，这种文明具有显著的地

域性和民族性。经过历史的风霜雨雪，许多文明，如古巴比伦、古埃及、古希腊和古印度等，已逐渐消失。现今的世界是全球化的大熔炉，全球化也象征着各种文化的交融。世界上有 200 多个国家和地区，2 500 多个民族，每个国家和民族都有其独特的生活方式、思维方式、风俗习惯、语言文字等文化元素。多样的文明使全球范围内的文化交流成为可能。如今，随着信息和互联网技术的飞速发展，人们更便捷、灵活地了解和认知不同的文明，各种文明之间的交流领域更加广泛，内容更加丰富。不同文明的交流互鉴不仅是其延续和发展的必然需求，也是增进各国人民友谊的纽带，成为推动人类社会进步和世界和平发展的重要力量。

凡事有利必有弊，文明的交流也不例外。在实现文明合作互鉴的同时，我们也应看到，国际思想文化尤其是意识形态领域斗争依旧深刻复杂。长期以来，西方一些国家的学者和政客出于意识形态对立与和平演变中国的需要，总是利用一切场合宣扬西方思潮，污蔑、诋毁马克思主义，试图动摇马克思主义在我国意识形态领域中的指导地位。随着我国改革开放深入推进和融入全球化进程步伐加快，西方国家有了可乘之机，对中国进行更加深入性的、便捷性的、隐蔽性的和持续性的意识形态渗透，意识形态领域成为外部敌对势力同中国斗争的"主战场"之一。各种非马克思主义或反马克思主义的思想意识相继涌入中国，在我们党内和普通民众中造成较大程度的思想迷乱；一些西方国家在与中国的国际交往中，有意抹杀中西意识形态差异，试图利用中国对和平发展的向往和对现代化的追求，将中国纳入西方国家主导的现代化发展模式和制度框架；西方国家一些别有用心者亡我之心不死，依然沿用"冷战思维"，试图借"文明融合"之手，倚仗其经济和科技力量，以高科技产品、西方流行文化、前沿学术思想等为媒介，强行向中国植入资本主义的价值观念和思想文化，甚至不惜歪曲、捏造事实，诋毁、攻击中国特色社会主义事业，干扰和破坏中国改革开放和现代化建设的社会主义方向；在国际文化交流过程中，国内一部分学者放松了意识形态的警惕性，对西方思想文化理论和成果不加批判地全盘接受，并以学术争鸣的方式进行传播；一些中国留学生在学习西方科技文化的同时，也接受了西方的价值观念，和平演变战略的制定者们就此认为，等到这些年轻人逐渐成为中国社会的栋梁，就可以通过他们的头脑逐步使中国向资本主义演变。由此可见，当前国际意识形态领域斗争的新变化严重影响了中国的意识形态安全。国际共产主义运动的历史教训告诉我们，如果在意识形态上出了问题，就会使社会主义事业遭到重大挫折，甚至走向失败，我们应该高度重视。

六、当前的国内环境分析

在当前新的形势下，我国所面临的国家安全和社会安定威胁与挑战越发多样化，且难以预测。尤其是各种威胁和挑战之间的关联效应越发显著，给国家安全和社会稳定带来了更大的压力。在这种情况下，必须深入分析新形势下的安全风险，以确保国家安全和社会安定得到有效维护。

随着我国改革步入关键阶段，各方面的利益整合和协调变得越来越棘手。在这样一个时期，各种矛盾和问题逐渐浮出水面，我国面临的挑战越发严峻。在这样的背景下，我们需要对各种因素进行深入剖析，以应对不断增加的关联性、复杂性和敏感性。首先，在改革关键阶段，不同利益群体之间的矛盾更加明显。随着经济发展和社会进步，人们的生活水平和收入差距逐渐拉大，导致社会阶层分化。这种分化加剧了各方利益之间的冲突，使得利益整合变得困难。此外，随着改革的深入，政府、企业、民众之间的利益关系也在发生调整，进一步加大了协调的难度。其次，资源和环境约束成为我国面临的重要挑战。在过去的快速发展阶段，我国忽视了资源和环境的保护，导致资源枯竭、环境污染等问题。如今，这些问题已经成为制约我国持续发展的瓶颈。为了克服这一挑战，我国必须在改革中加强生态文明建设，实现绿色发展。再次，社会矛盾和问题日益凸显。在改革过程中，社会结构、人口结构、文化观念等方面都在发生变化。这种变化使得社会矛盾更加复杂，社会治理面临巨大压力。尤其是在信息化、网络化时代，舆论场上的观念碰撞越发激烈，容易引发群体性事件和社会动荡。最后，国际环境的复杂性也给我国带来了严重挑战。在全球化深入发展的背景下，我国与国际社会的联系更加紧密。然而，国际政治、经济、文化等方面的竞争和冲突也日益激烈。这使得我国在维护国家安全、应对外部压力方面面临巨大挑战。

在过去的一段时间里，我国经济发展得益于天然资源红利和人口红利。然而，随着时间的推移，这些优势逐渐减弱，同时我国面临一系列新的挑战，如老龄化问题、民族分裂势力、境外反动势力的渗透等。这些挑战加剧了社会矛盾，导致群体性事件频发，严重危及人民群众的生命安全，扰乱社会的和谐稳定。首先，随着天然资源红利的逐渐消失，我国需要实现经济转型升级。过去，我国依赖丰富的自然资源发展经济，但这些资源有限，难以持续。如今，我国需要通过科技创新、产业升级等方式，实现经济发展的新突破。这不仅有助于提高人民群众的生活水平，还能够增强我国的综合国力。其次，老龄化问题成为我国社会面临的一大挑战。随着生育政策的调整和人口结构的变化，我国人口老龄化趋势加剧。这给养老、医疗、社会保障等领域带来巨大压力。为应对老龄化问题，我国需要完善养老保障制度，发展养老产业，提高老年人的生活质量。同时，民族分裂势力和境外反动势力对我国的安全稳定构成严重威胁。近年来，这些势力加紧渗透，试图制造事端，破坏我国的民族团结和社会稳定。面对这一挑战，我国需要加强民族团结，深化民族地区的发展，落实民族政策，同时严密防范境外反动势力的干扰和渗透。此外，社会群体性事件频发，这些事件往往源于社会矛盾的累积和激化。为应对这一挑战，我国需要加强社会治理，化解社会矛盾，保障人民群众的生命财产安全。在这个过程中，政府应充分发挥作用，加强对民族分裂势力和境外反动势力的打击力度，维护国家安全。同时，政府还需要加大对民生领域的投入，保障人民群众的基本生活，提高社会福利水平。此外，加强社会治安，严密防范和处置各类社会矛盾，维护社会稳定。

在新时代，我国现代信息技术的发展速度可谓日新月异。这其中，互联网发挥着至关重要的作用，不仅丰富了信息传播的渠道，也赋予了社会动员功能。然而，这种快速发展的背后，也隐藏着一些潜在的风险。互联网舆论传播和社会动员能力的日益增强，极易对社会矛盾冲突产生放大催化效应，进一步引发一系列负面影响，如部分问题全面化、简单问题复杂化，进而对社会治理和国家安全构成威胁。首先，互联网的广泛覆盖使得舆论传播的速度和范围达到了前所未有的程度。在互联网的助力下，一则消息、一个观点可以在短时间内迅速传播至全国各地，甚至全球。这种高效的传播能力，使得社会矛盾冲突更容易被放大，原本只是局部的问题，可能在互联网的传播下变为全国乃至全球关注的事件。如此一来，问题的影响范围被扩大，社会治理的难度也随之增加。其次，互联网的社会动员功能使得人们更容易被集结起来，共同参与讨论和行动。这种动员能力在许多情况下是有益的，如灾害救援、公益事业等。然而，在某些情况下，这种动员能力也可能被恶意利用，加剧社会矛盾冲突。例如，在互联网上出现的极端言论和行为，可能引发群体性事件，进一步引发社会动荡。这种情况下，互联网的社会动员功能反而成了社会治理的隐患。此外，互联网传播容易使部分问题全面化、简单问题复杂化。在互联网上，人们往往更倾向于关注极端、激进的观点，这使得一些局部问题被过度放大，失去了原本的客观性。同时，互联网上的讨论往往容易走向情绪化、极端化，使得简单的问题变得复杂。这种现象不仅误导了公众的认知，也给社会治理带来了困难。更为重要的是，这种互联网传播对社会矛盾冲突的放大催化效应，可能对国家安全构成威胁。在互联网时代，信息传播的速度和范围远远超过以往，一些涉及国家安全的敏感信息可能被恶意传播，引发不必要的恐慌和动荡。在这种情况下，维护国家安全变得尤为重要。因此，在享受互联网带来的便捷和高效的同时，我们也要警惕其潜在风险。对于社会治理和国家安全而言，有必要加强对互联网传播的监管，引导公众形成正确的价值观和世界观，防范社会矛盾冲突的放大催化效应。同时，要提高公众的网络素养，培养具有理性思考和批判性思维的人才，以应对互联网时代带来的挑战。只有这样，我们才能确保国家的安全稳定，实现社会和谐发展。

第二节　新时代环境下大学生的时代使命

当前时代，正值中华民族伟大复兴战略全局和世界百年未有之大变局的历史交汇期。在这样的背景下，新时代大学生的使命教育成为对使命与使命教育的深入探讨，同时也是这一教育理念在新时代面临的挑战与追问。在这个充满变革与挑战的时代，新时代大学生肩负着为国家、民族未来发展贡献力量的使命。为此，使命教育应运而生，旨在培养具备正确世界观、人生观、价值观的大学生，使他们成为具有担当精神的社会主义建设者和接班人。

然而，在中华民族伟大复兴战略全局和百年未有之大变局的背景下，新时代大学生使命教育面临着严峻的挑战。如何在复杂多变的国际国内环境中，引导大学生树立正确的世界观、人生观、价值观，成为使命教育必须回答的时代之问。

一、新时代大学生使命的时代之问

"时代"一词是汉语的常用词汇，意义丰富而复杂。马克思和恩格斯在其著作中对"时代"一词颇有偏爱，在中文版《马克思恩格斯全集》中"时代"一词出现 3 000 多次，加上与"时代"意义相近或者相通的词语，其数量会更为庞大。"新时代"这一概念具备独特含义，它代表着中华民族伟大复兴的重要阶段，科学社会主义焕发新活力的大好时机，我国为全球人类作出更大贡献的时刻，以及我国向更高阶段的社会主义迈进的关键时期。我国发展在新时代面临新机遇，同时又要应对新挑战、新风险，如修昔底德陷阱、中等收入陷阱、分化西化陷阱、塔西佗陷阱等。我国迈入新时代的历史坐标，为伟大复兴梦想敲响了战鼓。从理论与实践、历史与现实、国内与国际的结合上看，新时代我国社会矛盾发生重大变化，日益增长的美好生活需要成为人民的新期待，中国积极倡导构建人类命运共同体、在世界舞台上发挥更大作用、更有能力为人类作出更大贡献。

对于一个国家、一个政党、一个组织的青年来说，他们的使命具有传承性，这在马克思主义政党中尤为明显。马克思主义政党对青年和大学生的感情和期待是相同的，都在追求实现共产主义的最终使命，一致致力于构建人类命运共同体，保卫国家、民族和人民的利益，以及全面发展自身以完成使命。然而，在不同的历史背景下，大学生的历史使命表现出历史性、动态性和具体性，每个时代的大学生都有其独特的使命。正如 1916年 8 月 15 日李大钊在《晨钟报》创刊号上发表《〈晨钟〉之使命——青春中华之创造》一文的表述一样："青年之文明，奋斗之文明也，与境遇奋斗，与时代奋斗，与经验奋斗。故青年者，人生之王，人生之春，人生之华也。青年之字典，无'困难'之字，青年之口头，无'障碍'之语；惟知跃进，惟知雄飞，惟知本其自由之精神，奇僻之思想，锐敏之直觉，活泼之生命，以创造环境，征服历史……"党的十八大以来，党和国家的事业发生了历史性的变革，从中华民族发展史、社会主义发展史、世界发展史三个维度来看，中国特色社会主义进入了新时代。和平与发展、竞争与合作、冲突与融合成为当今世界的主要特征，影响着中国国内政治、经济、社会和文化的发展，共同构成了新时代大学生使命教育的时空境遇。

在新时代，大学生们沐浴在中国经济飞速发展、社会结构剧烈转型、科技迅猛进步、人们思想观念日益解放、价值观日益多样化的时代春风中。这一代人在这样的背景下成长，无疑会烙上这个时代的鲜明印记。

新时代大学生成长于中国经济建设发展最快、中国社会结构转型最为激烈、科学技术发展最为迅速、人们思想观念最为解放、价值观也最为多元化的时期，在这样的环境中成长起来的一代人肯定会打上这个时代的烙印。新冠肺炎疫情使百年未有之大变局加速演变，中华民族伟大复兴既面临重大机遇，也会遭遇巨大挑战。在全球百年未有之大变局和我国伟大复兴战略全局之中，脱贫攻坚战与乡村振兴战略正在顺利进行无缝对接。

"十三五"规划全面落幕，"十四五"规划全面启动。拥有百年辉煌历史的中国共产党，始终积极致力于为人民谋福祉、为民族寻复兴、为世界创共同繁荣。新时代的大学生需对国家重大事务有清晰的认识，在国家发展的大局中确立学业成长目标，精准定位人生方向；要将中国共产党的使命转变为个人的使命，将其融入学业规划和实际行动中，实现既胸怀壮志又脚踏实地的目标；以积极向上的精神状态和实际行动，担负起个人的使命，为国家和民族的发展贡献力量。

二、新时代大学生教育的内涵

新时代大学生教育是指在新时代背景下，针对大学生这一特殊群体开展的教育活动。新时代具有鲜明的特征，包括全面深化改革、扩大对外开放、推动经济高质量发展、加强科技创新、促进人与自然和谐共生等。因此，新时代大学生教育旨在培养具有社会主义核心价值观、具备创新精神和实践能力、适应新时代发展需求的优秀人才。

（一）价值观教育

在当今社会，大学生的培养显得尤为重要。他们是我们国家的未来，是我们社会发展的希望。因此，我们有责任引导他们树立正确的世界观、人生观和价值观，强化社会主义核心价值观的教育，使他们成为有信仰、有担当、有道德的时代新人。

首先，引导大学生树立正确的世界观。世界观是人们对世界本质和运行规律的认知，是指导人们行为观念的基础。只有具备正确的世界观，大学生才能在复杂多变的社会环境中明辨是非，坚定信仰。我们要通过深入的理论教育，使大学生深刻理解马克思主义的世界观，认识到世界是物质的、发展的、不断变化的，人类社会是向前发展的，从而使他们树立起科学、进步的世界观。

其次，帮助大学生树立正确的人生观。人生观是人们对人生价值和意义的看法，对人生的目的和追求产生深远影响。正确的人生观应是追求真理、服务人民、奉献社会，以实现个人价值和社会价值的统一。我们要教育大学生认识到人生的价值在于奉献，人生的意义在于创造，使他们树立起为人民、为社会、为国家的事业不懈奋斗的人生观。

再次，引导大学生树立正确的价值观。价值观是人们对价值和评价标准的认识，是指导人们行为选择的核心理念。社会主义核心价值观是我国社会主义事业的基石，包括富强、民主、文明、和谐、自由、平等、公正、法治、爱国、敬业、诚信、友善等方面。我们要加强对大学生的社会主义核心价值观教育，使他们内化为自身的价值追求，外化为实际行动，成为有社会主义核心价值观的时代新人。

最后，培养大学生具备信仰、担当和道德的品质。信仰是人生的指南针，担当是责任的体现，道德是人格的光辉。有了信仰，大学生才能在人生道路上坚定前行；有了担当，大学生才能在国家发展中贡献力量；有了道德，大学生才能成为社会文明的传播者。我们要通过系统的教育引导，培养大学生具备这三种品质，使他们成为新时代的有信仰、有担当、有道德的新人。

总之，高度重视大学生的培养工作，紧紧围绕树立正确的世界观、人生观、价值观和强化社会主义核心价值观的教育，创新教育方法，丰富教育内容，加强对大学生的引导和关爱，使他们成为有信仰、有担当、有道德的时代新人，为我国社会主义事业发展和实现中华民族伟大复兴的中国梦贡献力量。

（二）创新创业教育

在我国高等教育中，注重培养大学生的创新意识、创新能力和创新精神具有重要意义。大学生作为国家未来的科技创新和经济发展的主力军，需要具备较强的创新素质，以适应不断变革的时代需求。为此，要从多个方面加强对大学生的创新教育，激发他们的创新潜能，为国家的科技创新和经济发展贡献力量。

首先，在教育观念上，要转变传统教育模式，注重培养大学生的创新意识。长期以来，我国教育侧重于知识的传授和技能的培训，而忽视了学生创新意识的培养。新时代教育应强调启发式、探究式教学，鼓励大学生敢于质疑、勇于创新，培养他们独立思考和解决问题的能力。

其次，在教育方法上，要注重实践教学，提高大学生的创新能力。实践是检验真理的唯一标准，也是培养创新能力的最佳途径。通过实验、实习、实训等实践教学环节，让大学生在动手实践中发现问题、解决问题，锻炼他们的创新思维和创新能力。

再次，在教育内容上，要强化跨学科教育，拓宽大学生的知识视野。创新往往源于多学科的交叉融合，只有具备广博的知识体系，大学生才能在解决问题时找到新的突破口。因此，我们要鼓励大学生选修跨学科的课程，提高他们的综合素质，为创新奠定坚实基础。

此外，要鼓励大学生积极参与科学研究和技术发明。科学研究是培养创新人才的重要途径，通过参与科研项目，大学生可以在实践中锻炼创新能力，为未来的科技创新储备力量。同时，积极鼓励大学生进行技术发明，以实际成果推动我国科技水平的提升。

最后，要注重培养大学生的社会责任感。一个有社会责任感的人才，会更加关注国家和社会的发展，为实现国家科技创新和经济发展贡献自己的力量。我们要通过课程教育、实践活动等方式，培养大学生的社会责任感，使他们成为具有创新精神和担当的新时代青年。

总之，培养大学生的创新意识、创新能力和创新精神，是一项系统工程，需要我们从教育观念、方法、内容等多方面入手，持之以恒地推进创新教育。同时，我们还要鼓励大学生积极参与科学研究、技术发明和社会实践，让他们在国家科技创新和经济发展中发挥重要作用。相信在全社会共同努力下，我国大学生必将成为引领科技创新和经济发展的中坚力量，为新时代国家发展作出更大贡献。

（三）全面发展的素质教育

在新时代背景下，注重大学生德、智、体、美、劳全面发展具有重要意义。德、智、体、美、劳全面发展意味着具备较高的综合素质，这将有助于他们在激烈的社会竞争中立于不败之地。为此，我们要从多个方面推进大学生全面发展，为新时代培养一批具有竞争力的优秀人才。

首先，在德育方面，培养大学生具备良好的道德品质。道德是人品的基石，也是国家社会的支柱。通过大学生教育、伦理道德教育等途径，引导大学生树立正确的价值观和道德观，使他们成为具有高尚品质的新时代青年。

其次，在智育方面，重视培养大学生的思维能力和学习能力。智力是衡量一个人能力的重要标准，大学生作为国家未来的中坚力量，需要具备较强的智力水平。要关注大学生的学业发展，提高他们的综合素质，为他们的未来发展奠定坚实基础。

再次，在体育方面，重视培养大学生良好的身体素质。体育是强国之基，健康是人生之本。加强大学生体育教育，提高他们的身体素质，有助于培养出健康、阳光的新时代青年。

此外，在美育方面，培养大学生的审美能力，提升他们的艺术素养。美育有助于提高大学生的情操和品位，培养他们的创新精神和个性特长。通过开展丰富多样的艺术活动，让大学生在欣赏美、创造美的过程中，提升自身综合素质。

最后，在劳动教育方面，培养大学生热爱劳动、积极参与劳动的良好习惯。劳动是人类的本质活动，也是实现自我价值的重要途径。通过参与劳动，大学生可以锻炼意志品质、培养团结协作的精神，为未来的发展积累宝贵经验。

总之，德、智、体、美、劳全面发展是培养大学生使其具备竞争力的关键。我们要高度重视大学生全面发展，深入推进素质教育，关注大学生个体差异，因材施教。同时，家庭、学校、社会要共同发挥作用，为大学生创造良好的成长环境。在全社会共同努力下，相信我国大学生将在新时代中展现出强大的竞争力，为国家发展和民族复兴贡献自己的力量。

（四）社会责任教育

在新时代背景下，强化大学生的社会责任感至关重要。大学生作为国家未来的栋梁，肩负着实现中华民族伟大复兴的重任。我们要加强对大学生的社会责任感教育，引导他们关注国家大局、服务人民群众，为实现中华民族伟大复兴的中国梦贡献力量。

首先，在教育观念上，强化大学生的社会责任感。要将社会责任意识贯穿于教育全过程，使大学生深刻认识到自己肩负的国家使命和社会责任。我们要加强对大学生的大学生教育，引导他们树立正确的世界观、人生观和价值观，培养他们具有坚定的理想信念和社会责任感。

其次，在教育内容上，引导大学生关注国家大局。通过开设相关课程，让大学生深入了解国家历史、文化、政治、经济、社会等方面的发展状况，增强他们对国家大局的认识。同时，要教育大学生关心民生，关注人民群众的福祉，培养他们的人民情怀。

再次，在实践教学环节，鼓励大学生参与社会服务。组织大学生参加志愿服务、社会实践等活动，让他们亲身体验人民群众的生活，增强他们的社会责任感。通过实践活动，使大学生更好地了解社会、认识自己，培养他们服务国家、服务人民的意识和能力。

此外，加强大学生社会责任感的榜样教育。通过宣传先进典型，让大学生认识到社会责任感的价值所在，激发他们追求崇高理想、践行社会责任的内在动力。同时，要引导大学生从自身做起、从小事做起，培养他们履行社会责任的良好习惯。

最后，构建全方位、全过程的社会责任感教育体系。家庭、学校、社会要共同发挥作用，形成教育合力，让大学生在成长过程中时刻感受到社会责任的重要性。同时，要加强与社会各界的合作，共同推动大学生社会责任感教育的发展。

总之，强化大学生的社会责任感，是新时代赋予我们的重要任务。我们要紧紧围绕关注国家大局、服务人民群众这一核心目标，创新教育方法，丰富教育内容，加强对大学生的社会责任感教育。在全社会共同努力下，相信我国大学生必将成为实现中华民族伟大复兴的生力军，为实现中华民族伟大复兴的中国梦贡献力量。

新时代大学生的使命教育是在中华民族伟大复兴战略全局和世界百年未有之大变局的时代背景下，开展的一种具有深刻意义的教育实践活动。使命教育旨在传承中国共产党的红色基因，巩固党的执政基础，引导大学生正确认识时代责任和历史使命，并在个人的理想追求中融入国家富强、民族振兴和人民幸福的责任担当。引导大学生深入了解党的伟大历程、党的光辉事迹和党的伟大精神，使他们深刻领悟到党的伟大事业是怎样一步一步取得胜利的，从而增强对党的信仰、信念和忠诚。教育大学生认识到党的领导地位是中国特色社会主义最本质的特征，是中国特色社会主义制度的最大优势。通过学习党的理论和实践，使大学生深刻理解党的领导是中国特色社会主义事业取得胜利的根本保证，从而坚定他们对党的信任和支持。引导大学生将党的使命与个人的使命紧密结合起来，明确自己在新时代的历史使命和责任，激励他们为党的事业、为国家的发展、人民的幸福而努力奋斗。教育大学生深刻把握新时代的主题和任务，自觉将个人的理想追求与国家富强、民族振兴和人民幸福紧密相连，使他们明白自己在新时代应有的担当和责任。最后，使命教育要以大学生自觉将个人的理想追求与国家富强、民族振兴和人民幸福的责任担当紧密相连为落脚点。引导大学生立足本职工作，发挥专业特长，积极参与社会实践，以实际行动为国家富强、民族振兴和人民幸福贡献力量。

总之，新时代大学生使命教育是一种富有时代特征、具有深远意义的教育实践活动。紧紧围绕传承中国共产党的红色基因、巩固中国共产党的执政基础这一核心任务，创新教育方法，丰富教育内容，加强对大学生的使命教育。在全社会共同努力下，相信我国大学生必将为实现中华民族伟大复兴的中国梦贡献自己的力量。

第二章　大学生社会主义
核心价值观教育

社会主义核心价值观的提出，概括了价值目标和追求的三个方面，融汇了国家目标理想、社会导向和行为准则的完整性。这三个方面的社会主义核心价值观互为支撑，互为弥补。

第一节　社会主义核心价值观培育与践行的
国家层面内容

"富强、民主、文明、和谐"作为国家层面的价值目标，是社会主义核心价值观的顶级架构，对全社会和个人层面的价值目标具有指导和统筹功能。

一、富强是社会主义现代化国家的强国之本

富强价值观的塑造既是历史进程的产物，也是时代的呼唤和需求。它不仅反映了中华民族的梦想与追求，还包含了中国特色社会主义的核心要求，更是当代中国梦的根基和终点。在更细致的层面上，富强价值观必然

涵盖了中国人对现代化的具体期盼，这其中既包括传统意义上的工业现代化、农业现代化、国防现代化、科技现代化，也包括与时代发展紧密相连的生态现代化和人的现代化。

（一）富强的主要标志：工业现代化

工业化象征着富饶与强盛，其水平直接显示国家的工业生产能力和整体实力。工业现代化主要包括两个方面，一是突出阶段性，即构建并发展本国的机器工业体系，使工业在国民经济中的比重不断增大，逐渐占据主导地位，实现从农业国向工业国的蜕变。二是强调进程性，即作为经济现代化乃至整个社会现代化的核心，工业化是人类从农业社会向工业社会转变的一种发展趋势和过程，没有明确的终点。其基本要求是工业建立在最新科技基础上，达到并保持当代世界的先进水平。

然而，从工业化本身来看，我国工业发展尚未完全实现工业化，尤其是工业现代化的第二个层次的目标尚未充分实现，与世界发达国家的水平仍存在较明显差距，如科技水平相对落后、产业结构不尽合理、粗放型与劳动密集型产业较多、工业在 GDP 中的比重不合理等。客观地说，我国离引领世界工业水平还有较大差距。这一差距在很大程度上是区分发达国家和发展中国家的关键标准，也是影响实现富强目标的重要因素。因此，追求完全实现工业化，在全球范围内位居前列，无疑是富强价值观所追求的目标。

（二）中国特色的富强内涵：农业现代化

作为农业大国，我国有超过 4 亿人口居住在农村，因此，农业现代化、农村社会发展及农民福祉成为富强的核心部分。农业是保障国家稳定和民心的战略产业，农业现代化是国家现代化的前提。农业现代化涵盖传统农业向现代农业的转变过程及实现现代农业后的状态，评估标准包括农业机械化、生产技术科学化、农业产业化、农业信息化、农业可持续化、农业劳动者综合素质等方面。

现阶段，农业现代化目标逐步实现，体现在粮食产量不断上升、农业产业化特别是经济作物深度开发生产、农业生产科技含量大幅提高、农民收入大幅度增长等方面。农业现代化对我国社会发展产生了深远影响，尤其是中国农民正逐渐摆脱数千年的传统生活方式和较低的生活质量，加速向现代社会发展及现代生活方式靠近。然而，必须认识到，我国农业现代化的道路仍然漫长，任务艰巨，尤其是我国地域辽阔，发展极度不平衡，部分地区的农业现代化建设尚不乐观。然而无论如何，除非实现农业现代化，否则农村和农民的发展与富强无法从根本上得以实现，农村与城市的差距可能不但不会缩小，反而会扩大，共同富裕的目标也将难以实现。

（三）刻骨铭心的历史教训：国防现代化

众多历史事件表明，一个国家若要确保主权独立、国民幸福和实现国家富强，强大的国防力量至关重要。在一定程度上，强即指国防实力。若无坚固国防，国家的"富"也变得毫无意义。

国防现代化是指运用最先进科技来强化我国的国防体系，涵盖武装力量、人民防空、国防科研、国防工业等领域。为实现国防现代化，我们必须打造一支强大、正规化的人民军队，使国防观念、管理水平、科研实力、国防体系、法规体系、战争动员等方面都与现代战争需求相适应。

在国防现代化的道路上，需要不断完善和更新国防观念，使其更具时代特征；积极推进军队管理现代化，提高军队执行力；加强国防科研和国防体系现代化，确保我国在战争中具备先进武器和战略优势；建立健全国防法规体系，为国防事业提供法治保障；高效实施战争动员，确保国家在战争状态下迅速调动各方力量。

通过以上举措，我国将全面实现国防现代化，为国家主权、人民幸福和富强提供坚实保障。同时，国防现代化也将助力我国在世界舞台上发挥更加重要的作用，为维护世界和平与发展作出贡献。

（四）强国的最佳路径：科技现代化

在国家追求繁荣富强的道路上，科技发挥着关键作用。自新中国成立以来，我国在科技领域取得了举世瞩目的突破性成果，如"两弹一星"的成功研制、杂交水稻的培育，以及"银河"巨型计算机、"神舟"飞船、"嫦娥一号"、"蛟龙号"等。这些重要科技成果的获得和应用，对我国经济社会的快速发展产生了深远影响，不仅提升了人民生活水平，还创造了丰厚的社会财富。

然而，从客观角度来看，我国科技领域仍存在较大的发展空间。与国外先进国家相比，我国的科技水平尚不够领先，重大原创性成果较为匮乏，科技转化为生产力的机制和环境尚待完善。这些因素在一定程度上制约了我国经济社会的发展和国力的提升。

为了缩小与发达国家的科技差距，我国应继续加大科技创新力度，提高科技人才培养质量，优化科技政策环境，推动科技成果更好地服务于经济社会发展。通过提升科技水平，我国将在世界舞台上发挥更大作用，为国家富强和民族振兴奠定坚实基础。

（五）当前的新命题：生态现代化

生态现代化是 20 世纪 80 年代由德国学者胡伯提出的一个新概念，意指在人类现代化进程中，面临生态环境的重大挑战。为谋求可持续发展，人类必须实现经济发展与环境保护的双赢，达到人与自然的和谐共处。

现今，人类生存环境日益恶化，已对人类的发展和生存产生严重影响。

原因包括人类对自然无休止的开发、对物质无节制的消费，以及对自然的敬畏和保护意识不足。生态环境恶化的客观事实表现在水资源短缺和污染、能源短缺、大气层破坏、地球温度持续升高等方面。人类正面临由环境带来的前所未有的生存危机。

为实现可持续的富强发展，新时期的发展道路必须是长期的。这就要求我们将生态现代化作为富强观的重要内容，将生态环境的保护作为衡量发展的重要指标。我们需要将经济增长与生态环境发展紧密结合起来，大力发展绿色生产力和绿色科学技术，提高资源利用率，合理确立人与自然之间的平衡点，并推行环境保护责任制度。这样才能确保生态环境持续为人类的发展和利用提供支持。

在追求国家富强的过程中，我们必须重视生态环境保护，探索一条绿色发展道路，实现经济发展与环境保护的双赢，谨记绿水青山就是金山银山，为子孙后代留下一个宜居的家园。

（六）富强的终极目标：人的现代化

人的现代化是指个体在价值观念、思维方式、行为方式和生活方式上由传统向现代转变，涵盖社会关系、素质能力、思想观念等方面的现代化。这是适应现代社会发展的需要，是提升人文素质的过程。

人的现代化在实现国家富强目标中具有举足轻重的地位。无论是生产力发展、财富创造和积累，还是社会组织、管理、协调，都离不开高素质的人才。我国当前人的现代化水平尚不能满足国家和社会现代化的需求，经济发展的速度和质量都与人的现代化紧密相连。只有实现人的现代化，才能更快更好地实现国家富强目标。

追求国家富强的最终目的是实现人民的全面发展。在现代社会中，富强价值观的体现就是为广大人民群众提供丰富物质和精神财富，接受优质教育，不断提升人民生活水平，培养现代化的人才。

人的现代化与富强之间存在相互依赖关系。没有人的现代化，国家富强道路将会漫长而艰难。富强的最重要标志就是人的现代化。从这个意义上说，人的现代化既是实现国家富强的手段，也是目标，是富强价值观的核心内容之一。

在追求国家富强的过程中，必须重视人的现代化，培养具有全面素质的现代化人才，实现人民全面发展，助力国家繁荣昌盛。人的现代化是国家富强的重要基石，也是实现人民幸福的必要条件。

二、民主是社会主义现代化国家的治国之要

民主是现代社会政治生活的基本价值和合法性依据，代表着人类共同追求的美好理想。民主既是一种价值观，也是一种政治实践和制度安排。它既具有普遍性，又具有特定性和相对性，体现为不同历史时期和发展阶段的政治形态。

民主作为一种价值理念，强调人民为主体，政治权力来源于人民，政治体制应当保障人民享有平等、自由、参与的权利。作为一种政治实践，民主体现在国家政治生活的各个方面，如选举、立法、决策等，确保国家政策更好地反映民意，保障国家政治稳定和社会和谐。

民主作为一种制度安排，要求政府权力受到制约，建立监督机制，保障政府公正、透明地行使权力。同时，民主还强调民族和解、社会公平、人权保障等方面，以实现国家与人民的共同发展。

在不同国家和地区，民主的具体实践和制度安排各有特点，受历史、文化、社会等因素影响。但在本质上，民主始终代表着人类对公正、自由、

平等的追求，是现代政治发展的重要方向。

总之，民主是现代政治的基本价值和合法性依据，是人类共同追求的理想。在不断发展变化的历史进程中，民主将不断调整和完善，以适应不同国家和地区的现实需求，为实现人类共同繁荣和发展贡献力量。

（一）社会主义民主首要的是人民当家作主

在社会主义中国，人民是国家的主人，一切权力属于人民。社会主义民主的实质和核心是实现人民当家作主的主人翁地位。因此，社会主义民主观的首要内涵便是人民当家作主，这是社会主义民主观的第一要义。

具体来说，首先，人民当家作主这一民主观中的人民是政治概念，而非法律概念的公民。人民概念的政治属性决定了在不同国家和历史时期，人民有着不同的内容。这意味着社会主义民主观所强调的当家作主的主体范围在特定公民群体中有所限定。在我国当前阶段，这一特定公民群体包括所有赞成、拥护和参加社会主义革命和建设的阶级、阶层和社会集团。

其次，在社会主义民主观中，人民权力的实现通过宪法和法律制度来保障。我国现行宪法明确规定："人民行使国家权力的机关是全国人民代表大会和地方各级人民代表大会。"这意味着人民通过各级人民代表大会来实现国家权力的行使。

最后，在社会主义民主观中，人民当家作主的形式多种多样，涵盖国家政治、经济、社会、文化等各个领域。我国现行宪法对此表述为："人民依照法律规定，通过各种途径和形式，管理国家事务，管理经济和文化事务，管理社会事务。"

总之，社会主义民主观以实现人民当家作主为核心，通过宪法法律制度保障人民权力的行使，让广大人民群众在政治、经济、社会、文化等各领域充分发挥主人翁作用。这种民主观体现了社会主义国家的根本性质，为国家的繁荣富强和人民的幸福生活提供了有力保障。

（二）社会主义民主是少数服从多数与多数尊重少数的辩证统一

虽然民主原则中多数统治是核心，但社会主义民主观在强调多数原则的同时，兼顾少数人的意见和利益。社会主义民主并非绝对的少数服从多数，而是主张少数服从多数与多数尊重少数的辩证统一。

社会主义民主作为当前中国社会各阶层利益整合的机制，一方面要求在国家与社会事务的治理上坚持少数服从多数原则，以确保决策与治理过程的合法化、科学化；另一方面，社会主义民主关注多数人暴政的防范，强调在政治统治与社会治理中实现合理性。

换句话说，社会主义民主观在保障大多数人权益的同时，也关注少数人的合理诉求。这种观点旨在实现民主决策、合理治理，以推动社会公平、和谐发展，让全体人民共享国家发展成果。在实践中，这意味着在民主过程中，既要充分发扬多数人的意见，又要尊重和吸纳少数人的合理建议，以确保国家和社会事务的治理更加民主、公正、高效。

（三）社会主义民主是"弘扬个体"

社会主义民主观强调多数原则与尊重少数的辩证统一，主张充分弘扬个体自由。这意味着在实现人民当家作主的过程中，不仅要坚持民主决策中的多数原则，还要尊重少数人的合法权益。社会主义民主并非否定个体的自由权利，而是要在尊重和保障个体自由的基础上，实现民主的发展。

社会主义民主的最终目标是实现自由人的联合体，这一目标要求我们坚守罗尔斯正义论的第一原则，即自由的平等原则。这意味着在自由权利的享有上，个体之间要保持平等，同时个体与整体、个人与集体之间要在基于自由权平等享有的基础上实现联合与协调。

真正的社会主义民主应当立足于充分发挥个人自由、弘扬个体基础之上。在这样的民主环境中，人们能够在保障自身权益的同时，积极参与社会事务的治理，实现个人与集体、个体与整体的和谐发展。这种民主观既能充分保障人民的民主权利，又能促进社会公平、正义与和谐，为国家的繁荣富强和人民的幸福生活提供有力保障。

（四）社会主义民主讲求权利与义务的均衡

社会主义民主观强调人民权利与义务的均衡，认为实施民主的目的不仅在于保护人民的权利，同时要求人民在享有权利的基础上承担相应的义务。这种观念体现在以下三个方面。

首先，在权利与义务的关系中，权利是本源，具有第一位地位，而义务则是派生，处于第二位。人民在享有权利的同时，需要承担必要的义务。这种义务的承担以人民享有权利为前提，体现了权利与义务的相互依存关系。

其次，在社会主义民主观中，权利的享有与义务的承担具有平等性。这意味着人民在享有宪法和法律规定的权利的同时，也要承担相应的义务。这种平等关系体现了社会主义民主的公平性和公正性。

最后，任何打破权利与义务均衡地位，违反宪法和法律的行为都应被平等地追究法律责任。这一原则保障了社会主义民主的实施，维护了国家法制的权威，确保了社会秩序的稳定。

总之，社会主义民主观强调权利与义务的均衡，旨在实现人民在享有权利的同时，积极承担义务，促进国家与社会的发展。这种观念有助于培养公民的责任感、参与意识和法治观念，为国家的繁荣富强和人民的幸福生活奠定坚实基础。

（五）社会主义民主是程序正义与实体正义的有机统一

社会主义民主致力于通过构建民主制度来实现正义的社会秩序。这一目标体现在实体正义和程序正义的有机统一。实体正义（结果正义、实质正义）关注在国家政治和经济生活中公正地分配社会资源，实现人民实体性权利和利益。程序正义（过程正义、形式正义）强调在国家政治和经济生活中的公正实施原则和规则，以及当这些原则和规则被违反时，公正地处理相关程序、过程和形式。

实体正义与程序正义相互依赖，共同构成完整的社会主义民主观对正义的要求。作为实体正义的民主观，强调实现民主的结果正义和实质正义；作为程序正义的民主观，关注民主的形式正义和过程正义。实质民主与形式民主的有机结合，体现了社会主义民主观对正义的全面追求。

通过实施民主制度，社会主义民主观既注重公正地调整人民利益，又强调构建和谐社会秩序。这一观念有助于实现国家与人民的共同发展，维护社会公平正义，为国家的繁荣富强和人民的幸福生活奠定坚实基础。

（六）社会主义民主不是一蹴而就的，而是渐进地建构与发展

民主作为一种制度，需要建立在一定经济、政治、文化和社会基础之上，并受到各种主客观因素的影响与制约。因此，民主永远处于不断丰富和完善的历史过程中，需要经历逐步发展、臻于完备的阶段。

社会主义民主观强调，民主并非一蹴而就，而是一个渐进的建构与发展过程。在当前时期，我国政府坚定不移地推动民主建设，其范围和领域涵盖政治、经济、社会、文化等多个方面。

为了推进社会主义民主，我们应充分注意遵循社会发展规律，使政治民主与我国现阶段的历史条件、经济发展水平和文化教育水平相适应。这意味着民主建设需要有计划、有步骤、有秩序地进行，不断完善和发展社会主义民主，为其赋予新的内涵和表现形式。

总之，在我国社会主义民主建设过程中，要注重遵循社会发展规律，紧密结合国情，分阶段、有计划地推进民主建设，以实现国家治理体系和治理能力现代化，为国家的繁荣富强和人民的幸福生活奠定坚实基础。

三、文明是我国社会主义文化发展追求的现实目标

文明涉及人与人、人与社会、人与自然的关系，反映个体文化素养，体现社会进步，并为国家发展提供目标和动力。追求文明可促进个人道德提升和维护公共利益秩序。在社会主义核心价值观中，文明是文化价值目标，是中国特色社会主义特征，体现社会主义先进文化前进方向和精神文明价值追求。

（一）社会主义核心价值观是社会主义文明建设的本质要求与重要内容

"社会主义核心价值观，承载着一个民族、一个国家的精神追求，体现着一个社会评判是非曲直的价值标准。"社会主义核心价值观，作为社会主义意识形态的重要组成部分，揭示了社会主义制度在思想和精神层面的本质特征，它汇聚了社会主义先进文化的精华，被誉为时代民族精神的精华。文明，包含着外在的事务和内在的精神两个方面。其中，外在的文明相对易得，而内在的精神却难以追求。文明的核心在于精神，而精神的

核心则在于价值观。

社会主义核心价值观正是社会主义文明在精神层面的本质要求和集中体现，是社会主义精神文明建设的重要内容。在国家层面，文明的首要使命就是确立社会主义核心价值体系并在国家和社会生活中发挥主导作用，使社会主义核心价值理念深入人心，转化为每个人的自觉行为和追求。

因此，倡导和践行社会主义文明观的过程，实际上就是确立和弘扬社会主义核心价值观的过程，这两者具有高度的一致性。在我国，倡导和实践社会主义核心价值观，就是要在全社会形成共同的价值观，增强民族凝聚力和向心力，推动社会主义事业不断前进。

（二）文明在社会主义核心价值观国家层面的价值要素中具有统揽作用

在国家层面，社会主义核心价值观的基本要求是富强、民主、文明、和谐，这些要素都是人类文明的表现形式。富强作为社会主义核心价值观的首要观念，主要体现在经济层面上，追求民富国强，其基础是基于生产实践的物质文明。因此，富强体现了社会主义核心价值观对物质文明的追求。

民主是社会主义的生命线，没有民主，就没有社会主义。社会主义文明的实现需要民主制度来保障，同时，社会主义民主也是社会主义政治文明的集中体现。社会主义民主的程度反映出社会主义政治文明的水平。因此，民主体现了社会主义核心价值观对政治文明的价值追求。

和谐既是我国传统的社会理想，也是社会主义的本质属性。它关注人与自然、人与社会、人与人以及人与自身的协调平衡、和融共生关系。作为社会主义核心价值观，和谐体现出对生态文明、社会文明与个体文明的价值追求。在此基础上，和谐与文明的本质最接近。人类文明的最高形式就是实现人类发展诸要素的和谐状态，即建立"自由人联合体"，实现共产主义。

因此，在社会主义核心价值观中，富强、民主、和谐分别代表了物质文明、政治文明、生态文明、社会文明和个体文明的价值追求，共同构成了社会主义文明的价值体系。在国家和社会发展的过程中，倡导和实践这些价值观，将推动社会主义事业不断前进。

（三）积极培育和践行社会主义文明观

1. 大力倡导中国梦引领

精神力量对于全体人民具有凝聚、激发等功能，它能将人们团结在一起，为共同的目标努力。一种文明观只有在精神层面上树立起标杆，才能使文明更具活力，传播更有力。当前，倡导中国梦就是一种有效的引领方式。

中国梦是每一个中华儿女的梦想，它体现了中华民族和中国人民对美好生活的向往。倡导和宣传中国梦，有助于增强民族认同，使全体中华儿女形成一个有机整体。同时，中国梦的倡导还能激发人们对民族精神和社会文明的追求，凝聚起全体人民的力量，为实现中国梦而努力奋斗。

在这个过程中，人们将更加关注民族精神的传承和发展，以及社会文明的进步。这种追求将推动我国在文化、道德、价值观等方面的发展，为实现国家富强、民族振兴和人民幸福的伟大目标奠定坚实基础。总之，倡导中国梦既是一种引领方式，也是全体中华儿女共同追求的精神支柱。通过中国梦的实现，我们将在团结、奋发向前的道路上，不断创造新的文明成果。

2. 将文明融入日常生活

文明建设是一个系统性、全面性的工程，需要广泛调动各种社会力量共同参与。教育机构作为培养新一代的重要场所，可以通过教育教学活动，将新文明观的价值观念和思维方式传递给学生，使其内化为自身的认知和行为。

新闻媒体作为社会舆论的引导者，可以发挥其专业特色，挖掘平凡生活中反映新价值观的事件，传递新价值观的基本立场。通过生动的新闻报道和传播，引导广大人民群众向往新价值观，激发他们学习新价值观的热情。

此外，日常生活中的个体也应发挥自身力量，积极地践行新价值观。通过自己的言行举止，影响他人，使新价值观在日常生活中落地生根。每个人都是文明建设的主体，只有个体自觉地践行新价值观，整个社会才能形成共同参与文明建设的良好氛围。

在弘扬文明价值观的过程中，我们还应该注重激发和调动社会力量。政府、企事业单位、社会组织和广大市民都应积极参与文明建设，形成全社会共同推动文明发展的合力。通过广泛开展宣传活动，提高人们的文明素养，使新价值观深入人心，推动全社会共同践行。

总之，在文明建设过程中，各种社会力量应共同发挥作用，推动新价值观的传播和实践。只有这样，才能在全社会范围内营造良好的文明氛围，促进文明建设的不断进步。

3. 强化文明的组织与制度建设

在弘扬文明价值观的过程中，建立健全的组织架构、工作体系及制度建设至关重要。

首先，要建立一个高效运转的组织架构，明确各个机构和人员的工作任务及职责关系。这样，可以在整个文明建设过程中确保各个环节的有序进行。

其次，要建立一套适合新文明观推广与深化的工作体系。这包括了解如何弘扬新文明观，选择适当的传播载体，以及明确各工作层次之间的相互关系。通过这套工作体系，可以更好地将新文明观传播给广大群众，并将其内化为人们的自觉行为。

最后，完善各类制度建设，以规范文明行为和巩固文明建设成果。在建设社会主义法治国家、法治政府、法治社会的过程中，应善于运用法治手段为文明建设提供保障，深化文明建设的法治成果。这样，文明建设才能真正取得实质性的进展，为国家和社会的全面发展奠定坚实基础。

总之，在弘扬文明价值观的过程中，我们要注重组织架构、工作体系与制度建设的完善，确保文明建设得以有序、高效地进行。这不仅有助于新文明观的传播与实践，还能推动全社会在道德、文化、价值观等方面的不断提升，为实现国家富强、民族振兴和人民幸福的伟大目标贡献力量。

四、和谐是我国社会主义社会发展追求的现实目标

和谐，即和睦协调，是一种具体、动态、相对、辩证的对立统一关系。它体现了不同事物之间相互辅助、合作、互利、互促、共同发展的精神。和谐作为世界的本质和事物存在的根据，以及发展的动因，具有重要的现实意义。

共产党人始终不懈地追求社会和生态和谐，以国家的力量积极化解社

会矛盾，修复社会裂痕，倡导和谐共处，促进社会和谐。这一追求旨在形成万众一心、众志成城的国家力量，为国家的稳定和发展奠定坚实基础。

在国家层面，和谐作为一种核心价值，具有重大的现实意义。和谐社会关系的建立与维护，有助于减少社会冲突，提高社会凝聚力，推动国家和社会的持续发展。同时，和谐生态关系的构建，有利于实现人与自然的和谐共生，促进生态文明建设，保障人类可持续发展。

总之，追求和谐是共产党人始终坚守的价值目标。通过积极倡导和实践和谐价值观，我们能够凝聚全社会的力量，促进国家和社会的稳定发展，实现人与自然、人与社会的和谐共生，为构建美好家园共同努力。

（一）和谐是人类社会孜孜以求的价值目标

在我国传统文化中，和谐思想占据重要地位，具有悠久历史。它以"和"的范畴出现在古代哲学中，深入挖掘其内涵，我们可以发现和谐在社会中的重要意义。诸如"和实生物"的理念揭示了和谐作为社会存在的基础，为社会发展提供了稳定的环境；"相成相济"则阐述了和谐作为社会运行的秩序，使得各种元素相互配合、相互支持；"以和为贵"强调了和谐作为社会协调的保障，使得人际关系和社会关系和谐共处。

在儒家学说中，一系列道德原则旨在实现人际和谐与社会和谐，将这些原则作为君子人格修养的重要方面，同时也将其视为社会协调的价值尺度。这体现了一种追求和谐、维护和谐的精神，使得社会能够在和谐的氛围中不断发展、进步。

而在西方文明传统中，和谐思想的起源可以追溯到古希腊。毕达哥拉斯是最早将和谐视为哲学范畴的哲学家，他认为事物不仅有量的规定性，而且许多事物的性质是由数量关系决定的。在这种观点下，天地万物都存在某种比例，适当的数的比例便构成了和谐。此外，赫拉克利特提出了一系列对立和谐的主张，强调事物之间的对立统一，这也是西方和谐思想的重要组成部分。

总的来说，无论是东方还是西方，和谐思想都在历史发展中扮演了重要角色，它为我们构建和谐社会、处理人际关系提供了有益的启示。在今后的发展中，我们应该继续弘扬和谐精神，努力实现人与自然、人与人之间的和谐共处。

（二）社会和谐是中国特色社会主义的本质属性

在推进中国特色社会主义的道路上，我党提出了构建和谐社会主义的重大议题，这一举措将我们对社会主义的理解提升到了一个更高层次。通过不懈努力，我们不断完善和发展社会主义制度，为人民群众创造更加美好的生活。在党的领导下，我们积极倡导和谐社会理念，强调人与人、人与自然之间的和谐共生，以实现全体人民共同富裕为目标。这一创新性的战略思想，为中国特色社会主义事业注入了新的活力，推动了我国社会经济的持续发展。

第一，中国特色社会主义社会是"三位一体"的有机整体。中国特色社会主义特就特在其道路、理论体系、制度上，特就特在其实现途径、行动指南、根本保障的内在联系上，特就特在这三者统一于中国特色社会主义伟大实践上。这三个特就特在深刻揭示中国特色社会主义本质属性的精神实质，即"和谐"的特性。

第二，中国特色社会主义是"总体布局"的协调推进。中国特色社会主义的总体布局，强调的是全面、协调、可持续的发展。这一布局以马克思主义为指导、以历史唯物主义关于人类社会发展基本矛盾的学说为理论基础，充分考虑了我国社会主义初级阶段的基本国情。长期以来，我党始终坚持经济建设、政治建设、文化建设"三位一体"的总体布局，以实现人和社会的全面发展。

近年来，随着我国社会发展的不断深入，党对中国特色社会主义总体布局的认识也日益深化。从"三位一体"到"五位一体"，不仅是理论的升华，更是实践的拓展。新增的社会建设和生态文明建设，使得总体布局更加全面，更能体现中国特色社会主义全面辩证、整体推进的当代价值。

"五位一体"总体布局的提出，是对中国特色社会主义道路内涵的深化理解，也是对未来理想社会的更为全面的描绘。它强调了经济发展的同时，也要关注政治、文化、社会、生态的全面发展，体现了党对社会主义建设规律的深刻认识和科学把握。这是中国特色社会主义发展的重要指引，也是实现中华民族伟大复兴的战略布局。

中国特色社会主义始终坚持全体人民共同富裕和人的全面发展。共同富裕是人类社会发展的核心价值，包含了物质、文化和心理基础。在四十多年的改革开放中，我国生产力水平大幅提升，物质财富日益丰富。在此背景下，我们要在"做大蛋糕"的基础上，更好地解决"切好蛋糕"的问题，实现社会分配公平，让全体人民共享改革发展成果。

人的全面发展是马克思主义的社会理想和价值追求。实现这一目标，首先，要确立人民的主体地位，让每个人都能在社会发展过程中发挥积极作用。其次，要激发全体人民的创造力，为经济社会发展提供源源不断的动力。最后，要关注人民群众的根本利益，通过改革和发展，不断提高人民的生活水平，实现人民的幸福生活。

在中国特色社会主义发展过程中，我们要始终坚持共同富裕和人的全面发展两大目标。一方面，要努力提高生产力，为社会创造更多财富，使全体人民共享繁荣；另一方面，要关注人的全面发展，提升人民的素质和能力，实现全体人民的幸福生活。这两大目标的实现，将推动中国特色社会主义发展，实现中华民族伟大复兴的中国梦。

（三）和谐是处理人与自然、社会及人自身关系的价值尺度

和谐价值观作为一把衡量人类社会关系的价值尺度，总体上指导着人与自然、人与社会、人与人、人与自身等重大关系的处理。人类作为自然界长期进化的产物，应秉持和谐发展原则，实现人与自然的和谐共生。这需要我们确立生态文明的新理念，深化对生态文明的认知，并回应人民群众对生态环境的新期待。

在处理人与社会关系方面，和谐价值观强调人的自由全面发展。为实现这一目标，我们要关注人与人之间的关系，创造一个公平、正义、和谐的社会环境。这需要我们深刻理解马克思主义关于人的全面发展的理论，处理好人与他人的关系，以促进社会和谐。

此外，和谐价值观还关注人与自身的和谐发展。这意味着我们要努力实现身心、灵肉、理欲的和谐统一，建立起健全的人格。为此，我们要立志高远，不断提升自身素质，做到见贤思齐，以实现个人与社会的和谐共生。

总之，和谐价值观在处理人与自然、人与社会、人与人、人与自身等重大关系方面具有重要的指导意义。遵循这一价值观，我们将推动人与自然、人与社会、人与人之间的和谐发展，构建一个美好的和谐社会。

第二节 社会主义核心价值观培育与践行的社会层面内容

"自由、平等、公正、法治"是社会主义核心价值体系在社会层面的凝练，继承了优秀传统文化和人类文明成果，符合中国特色社会主义社会管理实践要求。自由是价值追求，平等是制度基础，公正是应有之义，法治是治理方式。这四个方面相互促进，共同推动社会全面治理和进步。

一、自由是社会主义社会的价值追求

（一）自由是马克思主义的根本价值追求

确立社会主义核心价值观的理论依据是马克思主义，其核心关注点是无产阶级和全人类解放，简称为"人的解放学"。马克思主义强调，在共产主义社会中，人类能在"每个人的自由发展是一切人的自由发展的条件"的环境下，摆脱自然经济形态下对人的依赖关系和商品经济条件下对物的依赖性，实现人的自由个性的发展。

马克思认为，人的自由发展是全面的发展，不仅体力、智力得到提升，各方面能力和素质也得到全面发展。在共产主义社会中，人的自由全面发展是全体社会成员的共同发展，而不仅是部分人的发展，这与资本主义社会形成了鲜明对比。

总之，无产阶级和人类解放是马克思主义理论的基本主题，人的自由全面发展则是其最高命题和核心价值真理。这一价值理念呼唤着全社会共同努力，推动人类社会迈向更加公平、正义、和谐的美好未来。在我们国家，弘扬这一价值理念，有助于构建社会主义核心价值观，培养有理想、有道德、有文化、有纪律的社会主义建设者和接班人，为实现中华民族伟大复兴提供坚实的思想基础。

（二）自由是社会主义的本质体现与内在要求

马克思和恩格斯指出，资本主义私有制及资本、市场、货币对社会关系的物化是不自由的根源。为了实现全民自由和全人类解放，必须消除资本主义私有制、阶级剥削和压迫，并以公有制为基础的社会主义制度取而代之。在这样的制度下，人类才能迈向真正的自由。

社会主义实践过程中必须坚定践行科学社会主义的根本价值追求——自由。这一价值追求意味着在经济、政治、文化等各个领域，充分保障人民的权利和自由，构建公平、正义、和谐的社会环境，让全体人民共同享受发展成果。

在我国社会主义事业发展中，我们要始终坚持自由这一核心价值，积极推进政治体制改革，完善社会主义民主制度，保障人民依法享有广泛的权利和自由。同时，要加强社会主义核心价值观的宣传和教育，引导全体人民树立正确的世界观、人生观、价值观，为实现中华民族伟大复兴的中国梦创造良好的思想道德基础。

（三）自由是中国特色社会主义的题中之义

中国特色社会主义制度是扎根于中国大地、反映中国人民意愿、适应中国和时代发展进步要求的科学社会主义。它忠诚地坚持马克思主义以人的自由全面发展为核心的基本原则和价值理想，并创新性地提出了"以人为本"的科学发展观。

这一发展观将人民群众的根本利益视为党和国家一切理论工作与实践的出发点和落脚点。人民群众的利益不仅包括物质生活的改善，更重要的是保障人民能够充分享有发展自我、实现自我的条件和自由。让每个人都有机会自由全面发展，实现人生出彩和梦想成真。

中国特色社会主义致力于为广大人民群众创造更好的生活条件和发展机会，使国家繁荣富强，人民幸福安康。这一制度的成功实践，有助于推动我国社会主义事业不断向前发展，为实现中华民族伟大复兴的中国梦奠定坚实基础。在这个过程中，要始终坚持人民立场，以人为本，不断发展完善中国特色社会主义，满足人民群众对美好生活的期待。

（四）自由是建设合乎民意的公正良序社会的首要价值原则

当代中国共产党人与中国特色社会主义实践积极倡导自由，根源在于自由是中国人民的共同向往和矢志不渝的价值追求。自占以来，中华民族就崇尚自由，视其为人性的基本需求。

改革开放新时期，中国特色社会主义道路的新发展，使人民的自由和社会的自由得以重获生机，持续发展。然而，随之而来的社会经济快速发展，使得人民群众的自由民主需求不断增长。而当前的社会主义制度、体制、机制在适应和满足人民日益增长的需求方面还存在一定差距。

为了解决这一问题，中国共产党正在推进"全面深化改革"。这一改革的一个重要目标就是进一步为人民的自由美好生活创造更多的机会和更好的条件，为人民提供更好的制度平台和政策保障。通过全面深化改革，我们党致力于满足人民群众对自由、民主、幸福、和谐生活的期待，推动中国特色社会主义事业不断向前发展，为实现中华民族伟大复兴的中国梦奠定坚实基础。

二、平等是社会主义的基本价值要求

平等是关于社会如何对待成员的规范性价值。尽管个体在特征、个性、能力、需求等方面存在差异，但在作为人和社会主体的意义上，他们应是平等的。社会应尊重和照顾每个人的生存和发展需求，确保平等作为基本权利得以实现。平等是现代社会的基本特征，也是衡量人类文明进步的重要标准。

（一）平等是完善和发展中国特色社会主义制度的必然要求

马克思和恩格斯在批判资本主义社会不平等时，强调平等不应只停留在表面，而应具有实际内容和实质。我国作为人民民主专政的社会主义国家，以实现每个人的自由和全面发展为目标。然而，社会主义制度在初级阶段并不完美，现实生活中仍存在不平等现象，真实的平等仅是人们的美好愿望。

制度是约束人们行为的规范形式，平等制度为一定历史条件下人与人之间平等关系提供相对客观的标准。社会现代化过程也是一个从诸多公民权利不平等逐步走向平等的过程。倡导平等价值观的目的之一是构建具体的平等制度，消除现实生活中不平等的制度安排。这将使中国特色社会主义制度更加充分地体现平等的价值追求，并展示平等的实践成果。

为实现真正的平等，要不断完善社会主义制度，推动社会公平正义。一方面，强化法治意识，确保法律面前人人平等；另一方面，改革不合理的制度安排，让每个人都能在平等的阳光下享有公平的发展机会。通过这些努力，继续推进中国特色社会主义事业，为实现中华民族伟大复兴的中国梦营造良好的社会环境。

（二）平等是建设社会主义法治社会的根本要求

我国正经历一场由传统社会向现代社会的深刻变革，这个过程意味着我们从人情社会逐步迈向法治社会。党的十八届四中全会明确提出，要更好地统筹社会力量、平衡社会利益、调节社会关系、规范社会行为，确保我国社会在深刻变革中既充满生机活力又保持井然有序。在此背景下，坚持法治国家、法治政府、法治社会一体建设至关重要。

公平正义是人类社会的永恒主题，也是社会主义法治社会的基本价值。平等作为维护社会公平正义的根本基础，对于构建平等的社会关系、营造公平正义的社会环境具有重要作用。倡导平等的社会主义核心价值观，就是要满足人们对社会公平正义的期待，确保人民在平等参与、平等发展、平等享有的权利方面得到保障。

在建设社会主义法治社会的过程中，法律面前人人平等是一项基本原则。这意味着公民之间没有高低贵贱之分，都应平等地享有宪法和法律规定的权利，同时平等地履行宪法法律规定的义务。通过落实这一原则，我们将继续推进中国特色社会主义事业，为实现中华民族伟大复兴的中国梦营造公平正义的社会环境。在这个过程中，我们要弘扬平等价值观、强化法治意识、完善法治体系，让每个人都能在法治的阳光下享有平等的发展机会，共同创造一个公平正义、和谐美好的社会。

（三）平等是促进人的自由和全面发展的内在要求

人的自由和全面发展是马克思主义与社会主义的根本价值目标。这一目标强调人在物质生产劳动基础上形成的一切社会关系的总和，以及社会交往在其中的重要作用。社会交往是指人们在生产及其他社会活动中发生的相互联系、交流和交换，它是人的本质的内在要求。

人的全面发展需与社交互动相结合，使自由、平等成为社会交往的目的和方式。在这种情况下，人与人之间的社会关系将得到高度丰富和实质性提升。在社会主义初级阶段，促进人的自由和全面发展成为我国经济社会发展的基本出发点和长期任务。

为实现这一目标，我国需致力于完善社会制度，保障人民的自由和平等权利，为每个人提供充分发展的机会。在教育、就业、医疗等方面，要努力消除不平等现象，让每个人都能在公平公正的环境中实现自我价值。

同时，还要加强社会交往，促进人与人之间的联系和交流。通过弘扬社会主义核心价值观，倡导和谐社会，让人们在自由、平等的氛围中共同创造美好的社会生活。在这个过程中，人的自由和全面发展将逐步实现，中国特色社会主义事业也将不断迈向更高境界。

三、公正是社会主义制度的首要价值

公正，即公平和正义，是一个社会制度安排是否正当合理的重要评判标准。它以人的解放和自由平等权利的获得为基础，关注社会资源分配、权益保障等方面的公平性。公正的实现程度反映了社会文明进步的水平。弘扬公正价值观，有助于构建和谐社会，增进人民福祉，推动社会文明进步。我们要继续努力，为实现全体人民共同富裕和公平正义的美好愿景而努力。在这个过程中，让每个人都能够在公正的社会环境中实现自我价值，共同创造美好的未来。

（一）公正是马克思主义的基本价值

自从人类进入阶级社会，人与人之间的平等一直是被压迫阶级梦寐以求的目标。然而，在近代资产阶级革命中，平等与自由仅作为一个口号被提出，以对抗封建统治阶级。实际上，平等不仅是某个阶级的自我标榜，更是全体社会成员的共同意志。

在政治实践中，平等逐渐成为全球对公平正义内涵的追求，也成为人们不断改革、埋葬旧世界的精神动力。马克思、恩格斯将毕生精力投入对资本主义公平正义的批判和对未来共产主义社会公平正义制度的构建中。他们的公平正义思想不仅对人类正义事业产生了深刻影响，还把公平正义的实现与人的解放和全面发展相结合。

在《共产党宣言》中，马克思和恩格斯一方面高度评价了资本主义文明带来的高速发展，另一方面对资本主义产生的不公平、非正义和社会不和谐现象进行了深刻揭露和猛烈批判。在此基础上，他们进一步指出，取代资本主义社会的未来理想社会应充满公平正义、和谐美好。

为实现这一目标，我们要努力推动社会和谐发展，将公平正义贯穿于政治、经济、文化等各个领域。让每个人都能在公平正义的环境中实现自我价值，共同创造美好的社会生活。在这个过程中，我们要关注人的解放和全面发展，将社会和谐视为科学社会主义的本质规定，努力追求社会主义文明发展的更高境界。

（二）公正是中国共产党的一贯主张和奋斗目标

中国共产党性质与宗旨源于坚定信仰的马克思主义理论。自从党成立那天起，就将实现社会公平正义作为为之奋斗的重要政治主张和目标。中国共产党历经国民革命、抗日战争、解放战争、社会主义制度确立、改革开放等重要历史时期，始终把人民的富足和社会的公正视为自己肩负的重要使命。

在领导人民进行社会革命、建设与改革的过程中，中国共产党始终将维护社会正义作为政策制定的核心出发点。为了实现这一崇高目标，党始终秉持"立党为公、执政为民"的重要执政原则，不断加强自身先进性，始终代表着一个时代发展的正确方向。

党在各个阶段，始终坚守初心，肩负起时代赋予的使命。在不断发展壮大的过程中，党始终坚持把人民的利益放在首位，为谋求公平正义而不懈努力。正是由于这种坚守与担当，中国共产党在历史长河中不断取得辉煌的成就，为我国社会发展作出了巨大贡献。

公平正义是中国共产党正在面临的一个重大问题，关系到党能不能长期执政。在新时代背景下，我国社会建设取得了举世瞩目的成就。党的十八大明确提出，公平正义是社会建设的核心要素。中国特色社会主义社会立足于全体人民共同努力，其发展成果惠及全体人民。为实现这一目标，我国必须建立一套和谐发展的制度体系，确保社会成员在权利、机会和规则方面享有公平待遇。这一制度的建立对于提升社会公平正义水平、促进社会和谐具有重要意义。首先，权利公平意味着每个人都能依法享有平等的权利，无论身份地位；其次，机会公平则确保每个人都能在竞争中享有同等机会，不因出身而受限；最后，规则公平则要求全社会遵循公平公正的游戏规则，使每个人都能在公平竞争中实现自身价值。

（三）公正是社会主义的内在诉求和最大优势

正义被视为社会制度的核心美德，它是社会主义制度的内在要求和显著优势。如果社会主义建设脱离了正义的价值导向，便会迷失方向，引起人们对社会主义道路的质疑。

从马克思主义视角看，社会建设的目标是为了全体人民的共同福祉，不断体现他们的自由和奋斗。这一本质和目标贯穿于社会建设的全过程。在这个背景下，社会公平正义被视为全体人民共同奋斗的基础，它是实现自由和奋斗的前提。没有公平正义，社会就无法实现真正的自由，人们的奋斗也将失去意义。更进一步说，没有公平正义，社会主义的价值也就无从谈起。

我们建设的中国特色社会主义应在公平正义的社会环境中，让每个人都能享有自由和平等的发展机会。自新中国成立以来，我国为实现这一目标付出了巨大努力。建国初期，我国积极推动社会主义制度改革，旨在消除社会剥削，实现人人平等。改革开放后，尽管我国社会制度发生了一定变化，但总体上仍致力于构建公平的社会体系。我国提出了"一个中心、两个基本点"的社会建设方针。

在经济发展方面，中国仅用三十多年时间就走完了西方国家两百多年的历程。尽管当前社会仍存在一定矛盾，但国家仍致力于改革制度，实现公平发展。在党和政府的领导下，人民群众对执政能力的认知不断提高。我国明确了政治定位和现实需求，坚定追求社会公平正义，将其作为社会奋斗的目标。因此，中国社会正朝着这个目标不断前进。

（四）人民群众利益是实现公平正义的基本价值取向

为民服务是一个根本问题和原则问题。在坚持和发展中国特色社会主义的过程中，解决"为了谁、依靠谁、我是谁"的问题至关重要。人民群众不仅是历史的创造者，而且是社会主义事业的力量源泉。

在马克思主义的观点中，评判一个社会是否公平的关键在于它是否代表了广大人民的根本利益。正义被视为对社会关系的一种价值反映，不同的阶级有不同的利益诉求。马克思和恩格斯创立的科学社会主义理论，旨在指导无产阶级进行革命斗争，争取自身解放，实现人民群众的根本利益，以及人的自由而全面发展。

作为科学社会主义的一个组成部分，正义理论是无产阶级的正义理论，它代表着人民群众的根本利益，反映了他们的利益诉求。马克思主义政党的根本宗旨是为人民利益而奋斗，旨在实现共产主义。中国共产党把马克思主义理论作为指导，始终坚持人民的利益高于一切，形成了全心全意为人民服务的正义理念。

中国共产党的根基、力量及兴衰成败都在于人民。马克思、恩格斯认为，正义是对社会关系的一种价值反映，每种正义观都代表着不同阶级的利益诉求。毛泽东同志严格要求共产党人积极践行"全心全意为人民服务"的宗旨，强调共产党与其他党派的显著区别在于为人民服务。这些观点至今仍是党建的重要指导思想。

在中国特色社会主义新时代，全面贯彻落实人民为中心的发展思想，坚定不移地为中国人民谋幸福、为中华民族谋复兴，是共产党人的初心使命。只有始终站在人民的立场上，坚持公平正义，才能实现全体人民的共同繁荣，推动社会主义事业不断发展。

（五）实现社会公平正义是发展中国特色社会主义的重大任务

社会公平正义是为人民群众谋福利的重要社会建设基点，同时也是激发人民群众创造活力的重要源泉。公平正义展示了我国社会建设的优越性。

一方面，公平正义以合理的经济分配制度为基础，将全体社会成员的收入差距控制在合理范围内，防止社会两极分化，激发全体成员为创造公平的社会财富而努力；另一方面，公平正义的制度建设广泛融入法律、文化、道德、社会、教育等方面，推动全体社会成员公平参与社会交往，确保他们能够平等地享受各项社会福利和法律保护。

党从新的历史起点出发，面对重要的战略机遇和复杂的社会矛盾，积极构建更加公平的社会制度体系，推动我国社会持续发展。党要求全体人民在经济社会发展的基础上，加紧建设公平的社会制度，逐步建立以权利平等、机会平等、制度平等为核心的社会公平正义保障体系。

总之，全社会应树立公正意识，将公正作为普遍的价值准则，以此促进整个社会的公平正义。这既是历史使命，也是时代要求。只有确保公平正义得以落实，中国特色社会主义社会才能不断向前发展，为实现全体人民的共同繁荣和中华民族伟大复兴的中国梦奠定坚实基础。

四、法治是社会主义价值追求的制度化保障

（一）培育和践行法治价值观是推动中国特色社会主义法治建设和发展的精神基础

在新世纪、新阶段的时代步伐中，我国社会变革正以前所未有的广度和深度展开。这场伟大变革不仅正在深刻地改变着中国社会的面貌，引导着未来的发展方向，还推动了中华民族新的伟大复兴。

这场伟大变革实质上是要完成中国社会的深刻历史转型，其中中国特色社会主义法治发展进程呈现出创新和现代化的基本趋势。这个时代进程的基本目标在于全面推进依法治国，加快建设社会主义法治国家。

为了实现这一目标，我们需要大力培育和践行中国特色社会主义法治价值观念，使其有机融入社会成员的生产生活和精神世界。这不仅有助于我们深刻认识和把握中国特色社会主义法治道路的内在性质、主要特征和

时代走向，也能弘扬社会主义法治精神，展示中国特色社会主义法治道路的蓬勃生机和旺盛生命力。

通过践行法治价值观念，全体人民将更加团结一致，为实现中华民族伟大复兴的中国梦而努力奋斗。在这个过程中，中国特色社会主义法治发展将迎来新的春天，为全体人民创造更加美好的未来。让我们一起为推进依法治国，建设社会主义法治国家，共同努力，共创辉煌。

（二）培育和践行法治价值观是推进国家治理体系和治理能力现代化的题中应有之义

作为社会主义核心价值体系的重要组成部分，中国特色社会主义法治价值观念是建设法治体系、增强法治能力的基本价值准则。法治作为一种社会规范和价值体系，是社会文明进程的指示器，标志着社会文明发展进程及其阶段。

在完善和发展中国特色社会主义，推进国家治理体系和治理能力现代化的进程中，我们要深刻理解中国特色社会主义法治价值观念的时代精髓，自觉培育和实践，做到知行统一。将现代法治的价值取向贯彻落实到实现国家治理现代化的全过程和各个方面，从而转化为推动中国特色社会主义法治发展的强大动力。

面对这一开创性的伟大事业，我们要紧跟时代步伐，充分发挥法治在国家治理现代化进程中的重要作用。通过全面依法治国，实现中国特色社会主义法治体系的完善和发展，拓展法治道路的广阔空间，为中华民族伟大复兴的中国梦提供坚实保障。

（三）培育和践行法治价值是建设法治中国、探索法制现代化的"中国道路"的必然要求

在各个地区或国家的法治发展中，都存在着特定的一套价值系统。

这些价值系统随着文化传承和相互影响，逐渐形成反映特定国度共同生活条件的法治发展类型。在当代法制现代化过程中，这些不同的法治发展类型演化为具有独特历史特点和变革方式的法制现代化道路或模式。

中国特色社会主义法治价值观念包含了独特的法学世界观和价值观，它体现了对我国基本国情条件下法治发展现象的深刻理解和认同。这一价值观念构成了当代中国法治发展的固有逻辑，集中展现了建设法治中国、探索法制现代化的"中国道路""中国经验"或"中国模式"的价值方位。

积极培育和践行中国特色社会主义法治价值观，使我们能够更加科学地把握法制现代化的"中国道路"的内在机理，不断坚定建设法治中国、坚定中国特色社会主义法治发展的道路自信。在新时代背景下，我们要紧密围绕中国特色社会主义法治道路，深入挖掘和传承法治文化，为实现中华民族伟大复兴的中国梦提供有力法治保障。

第三节　社会主义核心价值观培育与践行的个人层面内容

爱国、敬业、诚信、友善是公民对国家、职业、社会、他人应持的态度和责任，涵盖社会公德、职业道德、家庭美德、个人品德等方面，体现社会主义核心价值观在个体道德准则上的规定性。公民个人层面的价值准则具有广泛性、渗透性和大众性，是构建社会主义核心价值观的坚固基石。

一、爱国是公民道德的价值支柱

爱国主义是一种深厚情感，表现为对国家的独立、统一、尊严、荣誉和利益的自觉维护。它关注国家的前途和命运，蕴含着强烈的民族自尊心和自豪感。

爱国主义强调个人与国家之间的相互支撑关系，意味着个人与国家相互依存、相互促进。作为一种建立在理性基础之上的感性认同，爱国主义体现为个人生活方式中的一系列选择，如遵纪守法、尊重传统文化、关爱他人等。

在新时代背景下，爱国主义教育对于培养具有国家情怀的公民具有重要意义。我们要弘扬爱国主义精神，强化国家意识，始终牢记国家利益和民族大义。

（一）爱国是人类文明的共通之处

爱国主义是一种深厚情感，源于人类社会发展的特定阶段。在远古时期，人们生产力较低，生活依赖族群保护。随着生产力提高，私有制诞生，族群划地而居。在这样的生活中，人们对家园产生眷恋之情，这便是爱国主义的萌芽。

国家诞生后，人们的乡土感情逐渐升华，转变为对国家和民族的关心与热爱。爱国主义成为一种价值观念和道德准则，人们愿意为维护国家利益和尊严而不惜牺牲一切。自古以来，爱国主义故事层出不穷。在各个国家，爱国英雄备受尊敬，而卖国贼则遭人痛恨。

爱国主义教育对于培养具有国家情怀的公民具有重要意义。通过学习国家历史、了解国家发展现状、参与国家建设等方式，不断提高自身综合素质，为实现国家富强、民族振兴贡献自己的力量。在新时代背景下，弘扬爱国主义精神，强化国家意识，始终牢记国家利益和民族大义。

（二）爱国是华夏文明的永恒主题

爱国主义在东方的华夏文明中占据举足轻重的地位。五千多年的历史积淀使爱国主义成为一种深厚的感情。在当代中国，这种感情已经演变为一种文化传统和普遍的社会心理，成为社会发展的重要价值规范。

回顾中华民族的历史，一个显著特征便是社会的分合交替。尽管分裂时期较长，但统一始终是主流，代表着社会发展的大趋势。中国人民始终渴望社会的和平与发展。在各个时期，中华儿女坚定地传承前赴后继、团结奋斗和自强不息的精神，将伟大的爱国主义精神表现得淋漓尽致。

因此，爱国主义成为中华民族最伟大的凝聚力。在新时代背景下，弘扬爱国主义精神，强化国家意识，始终牢记国家利益和民族大义，为实现国家富强和民族振兴共同努力。

（三）培养民族意识，增强国家观念

在当今国际社会，和平与发展被视为两大重要主题。生产贸易、资本、人才流动的全球化社会使国家间的界限逐渐打破，促进了各国经贸活动的繁荣。然而，这也导致人们的全球意识逐渐增强，国家主权和民族意识相对淡化。

在这种背景下，当代爱国主义的要求在于抓住机遇、趋利避害、加快发展，捍卫国家主权和利益，实现中华民族伟大复兴。发展中国家在经济全球化过程中应保持警惕，对待那些主张国家主权过时、淡化民族意识、借人权旗号进行干预的论调要有所防范。

事实上，在经济全球化过程中，民族国家的界限并未消失，而是在一定范围、一定程度上更加突出。一个国家要想在经济全球化中推动本国经济发展，摆脱依附和落后的境遇，就必须坚持自己的主权和利益。

随着我国信息技术的发展，国家安全观念已不再局限于国家版图的完整和不受侵犯，还包括了社会安全、经济安全、科技安全等方面。因此，爱国主义者在工作和生活中要保持清醒的政治头脑和坚定的原则立场，自觉维护国家利益和民族安全，警惕意识形态领域的"病毒"和"精神鸦片"的侵蚀。

二、敬业是职业道德规范的基本要求

（一）敬业是贯穿各种具体的职业道德的一般要求

敬业是职业道德的基本要求，它具有鲜明的职业性和历史性。在不同职业和不同历史阶段，职业道德表现出独特的特点。然而，作为职业道德的共性要求，敬业始终是其核心内容。

敬业代表着人们对职业的独特理解和从事职业的高尚境界。对于有道德的人来说，职业不仅是谋生的手段，更是作为社会成员所承担的社会责任。从事职业不仅是简单地完成任务，而是在实践中塑造人格，实现职业成事、成业和成人。

从这个意义上说，敬业不仅是一种道德原则，更是一种道德精神。它倡导人们在职业生涯中始终保持敬畏之心，追求职业操守和职业精神，以实现个人价值和社会价值的双重提升。在新时代背景下，弘扬敬业精神，强化职业道德，有助于提升个人素质，推动社会和谐发展。

（二）敬业是中华民族的传统美德

在中国传统社会，职业分工思想早已出现。《周礼·考工记》设立了六职并明确了职责。随着职业体系的发展和完善，职业分工变得更加系统。相应地，一套符合社会特征的职业道德体系也应运而生，其中核心内容即为敬业观。

传统思想认为，尽职尽责的根本在于勤于本职。只有在工作中保持勤勉，才能使事业长久发展。古籍《尚书·周书》提道："功崇惟志，业广惟勤"，意味着取得伟大功绩需要伟大的志向，事业成就则源于不懈的勤奋。《左传·宣公十二年》表示："民生在勤，勤则不匮"，强调人民生活依赖于辛勤劳作，勤奋工作则物资不匮乏。《墨子·非乐上》亦提道："赖其力者生，不赖其力者不生"，指出依靠自身能力生存的重要性。

在新时代背景下，弘扬敬业精神有助于培养高素质人才，推动社会和谐发展。敬业不仅是职业道德的基本要求，更是民族精神的重要组成部分。通过传承和发扬敬业观，个人可实现自我价值，国家可迈向繁荣富强。

（三）敬业要有奉献精神

奉献精神是一种高尚的职业道德思想，体现在对工作的敬业程度和对社会、国家的责任感上。它要求个人在本职工作中全力以赴，付出心血和努力。这种基本的奉献精神是职业道德的基石。

进一步而言，奉献精神涉及的范畴不仅限于个人工作，还包括更广义的社会和国家责任。这意味着关心社会、为国家利益着想，具备爱国主义精神。许多仁人志士为了维护真理和正义，甘愿付出生命的代价，如司马迁忍辱负重，致力于完成《史记》。

在新时代背景下，弘扬奉献精神对于提升个人素质和推动社会进步具有重要意义。具备奉献精神的人，不仅在工作中表现出色，还为社会和国家发展贡献自己的力量。通过发扬奉献精神，个人能够实现更高层次的价值追求，国家也能迈向繁荣富强。

三、诚信是公民道德的基本规范

诚信，即诚实守信，是人们在处理与他人的关系、社会关系及与国家关系时应遵循的道德准则和行为规范。作为人的基本道德素养，诚信意味着说话算数，行动有果，言行一致，表里如一，讲究信用，恪守承诺。

诚信不仅是个人道德的基本规范，更是社会正常运行的重要条件。一个诚信的社会能够促进人与人之间的信任，降低社会矛盾，提高社会效率。在国家治理方面，诚信政府有助于提高政府公信力，促进国家繁荣发展。

在现代社会，诚信对于个人品质的培养和社会和谐稳定具有重要意义。个人应通过自律和他律，养成诚信为本的价值观，以诚信待人，积极参与社会事务。诚信不仅关乎个人品行，更关乎社会风气和国家形象。

总之，诚信是个人道德和社会秩序的基石，是实现个人价值和社会进步的重要保障。我们应大力弘扬诚信精神，促进个人品质的提升，为构建和谐社会和实现国家繁荣作出贡献。

（一）诚信是做人的基本准则

诚信，即真诚无欺、实事求是的态度和信守承诺的行为品质，是人们在立身处世、待人接物和生活实践中必须具备的道德品质。诚信的基本要求是说老实话、办老实事、做老实人。

古代中国先哲高度重视诚信，认为它是人的立身之本，是人之所以为人的道德标准。孔子强调："言忠信，行笃敬，虽蛮貊之邦行矣。言不忠信，行不笃敬，虽州里行乎哉？"他鄙视和痛恨出尔反尔、弄虚作假的操行举止，称之为"不仁"。孟子将诚信视为人应走的正道，认为"思诚者，人之道也"。王安石认为"人无信不立"，朱熹则把忠诚、讲信义看作是人安身立命的根本。

在现代社会，诚信依然是人们立身处世的重要原则。具备诚信的人，不仅在人际交往中受到尊重和信任，还能在社会生活中实现更高层次的价值追求。诚信关乎个人品行、社会风气和国家形象，我们应大力弘扬诚信精神，为构建和谐社会和实现国家繁荣作出贡献。

（二）诚信是社会道德规范

诚信作为一种道德原则和社会规范，要求人们在工作中秉持求真务实的精神和知行合一的态度。在现代社会，诚信不仅关乎个人的价值追求，还涉及社会公共诚信，例如政府诚信、企业诚信等。

这意味着一个组织在构建自身时，应当遵循诚信原则，并在行使职权过程中秉持这一原则。如果缺乏诚信，政府将失去民众的信任，企业也无法获得消费者的认可，从而导致社会规范的失范。

诚信是维护社会秩序和促进社会进步的重要基石。个人和组织应将诚信内化为本能行为，以诚信为基础建立良好的社会关系。政府、企业和社会组织应当以身作则，树立诚信榜样，推动社会诚信氛围的形成。

总之，诚信在现代社会中具有至关重要的地位。个人和组织应共同努力，践行诚信原则，为构建和谐社会和实现国家繁荣贡献力量。

四、友善是公民道德的价值准则

（一）友善是社会稳定和谐的润滑剂

从社会历史发展的角度来看，友善在社会发展中具有举足轻重的地位。它作为社会稳定和谐的润滑剂，有助于推动社会不断向前发展。虽然人类社会发展的根本在于基本矛盾，但其他因素同样对社会进步具有推动作用。

道德善恶矛盾便是由经济基础与上层建筑矛盾所决定，并为其具体展现形式。恩格斯关于"恶是历史发展动力的表现形式"的论断，从辩证角度揭示了善恶矛盾在历史进程中的作用。实际上，善恶矛盾本质上也是利益矛盾的伦理呈现。

时代发展的首要条件是思想的转变，尤其是具有相对稳定性的道德理念的变革。这将成为促进社会变革的现实刺激点。在社会上升时期，适应当时发展的时代道德将推动人们摒弃陈旧观念，重新构建社会道德观念，从而使精神面貌焕然一新，激发人们的创造力。

总之，友善、道德观念的变革和时代发展紧密相连。在历史进程中，友善和道德观念的更新为社会进步提供了有力支撑。个人和社会应共同努力，推动道德观念的变革，以适应时代发展的需求，为构建和谐社会和实现国家繁荣贡献力量。

（二）友善是中国特色社会主义理想社会的重要组成部分

近年来，"中国道路"和"中国模式"在全球范围内备受关注。我国的发展道路以开放、和平、合作、共赢、和谐、共富为核心，国内目标旨在实现社会和谐与中国梦。在这一目标实现过程中，友善成为重要的价值追求。

中国特色社会主义事业的优越性不仅体现在物质和制度层面，还在于社会精神层面。友善作为中国特色社会主义理想社会的重要组成部分，公民善良和社会善治成为衡量社会形态优越性的重要标志之一。

综合来看，社会主义核心价值观凝聚了中华民族的基本特点和时代发展特征，从根本上体现了我国社会的本质属性。通过不断培育和践行社会主义核心价值观，有助于推动中国梦的实现，促进社会和谐、国家富强和民族振兴。

总之，在我国发展道路上，友善价值观具有重要地位。全社会应共同努力，弘扬友善精神，为实现中国梦与社会和谐贡献力量。同时，社会主义核心价值观的传承与发展，将有助于培育一代又一代具有良好道德品质的公民，为构建和谐社会和实现国家繁荣贡献力量。

第三章　珍爱生命：时代呼唤大学生正确的生命价值观

改革开放以来，我国市场化、民主化、世俗化，价值多元化，生命价值意识迷失。当前时代课题是如何通过生命价值观教育重构生命价值意识。

第一节　生命价值观与生命价值观教育

一、生命价值观的内涵

生命价值观，简而言之，就是人们对于生命的价值所在、如何评价生命价值、如何实现生命价值等核心问题的深刻理解和基本观点。这种观念既凝聚了过去生命价值实践的经验和感悟，也体现了人们对当下生命价值问题的基本立场、观点、态度和看法。它以生命价值的信念、信仰、理想等形式呈现。

生命概念的诠释在各个领域存在差异。生理学角度认为，生命体需具备心脏跳动、呼吸、大脑活性等生理特征。医学领域将生命定义为生物体所表现出的新陈代谢、生长、繁衍、适应环境等特征。法学角度看，生命是法律主体从出生到死亡的整个过程。生命哲学认为，生命是积极、永恒运动的绝对本原，与物质和意识有所不同，只能通过直觉或体验来感知。

现代生物学对生命的定义是一种繁殖、生长发育、新陈代谢等现象的复合体。19世纪，恩格斯认为生命是蛋白体的存在方式，其基本因素在于与周围自然环境的新陈代谢。20世纪50年代后，DNA双螺旋结构的发现使人们开始关注核酸在生命中的重要作用。

生命可分为狭义和广义两种。狭义生命主要指人类特有的生命，遵循自然规律。广义生命则包括人类、动植物等有机体的生命。许多人从狭义角度探讨生命含义，如高清海教授认为人具有双重生命，即自然生命（遵循自然法则）和类生命（自主创造的存在者）。王北生则认为生命由自然生命、精神生命、价值生命、智慧生命共同组成，其中，自然生命为基础，精神生命为升华，价值生命为方向，智慧生命为超越与创造。

人的生命可理解为自然、社会和精神三者的综合。自然生命是基础和前提，为人类生存延续提供必备条件，如衣、食、住、行等。社会生命是基于自然生命的契约形成的社会制度和架构，法律和道德规范是其根基。社会生命使人从野蛮状态中解放，组织起来，遵循规范共同生活，提高自身能力，延续生命。

精神生命主要涉及人的精神取向，表现为对理想、道德、精神、信仰、价值的追求。这是人区别于动植物的主要特征，体现为意识形态。马克思认为，人有意识的生命活动将人直接区别于动物。人不仅是肉体存在，还追求精神生命，使生命超越自然必然性，具备永恒气质。思想的积淀与传承便是这种永恒气质的体现。

人的生命是自然、社会和精神相互作用的产物，不仅关注物质需求，还注重精神追求。这种综合性的生命观有助于理解人类发展的本质，进一步引导人们关注生命的全面成长，实现个体和社会的和谐共生。

生命价值是指生命体对于主体所具有的意义。这里的生命价值主要关注人的生命价值。人的生命价值体现在以下四个方面。

第一，人的生命价值表现为自身需要的关系。人是具有自我意识的存在，在自己的实践活动中，把自身对象化，形成主客体关系。满足自身需要、愿望和目的的对象是作为客体存在的自己。

第二，人的生命价值体现在与他人建立的互为主客体关系。人的社会属性表明，任何个人的存在都需要以他人的存在为前提。人的生命价值包含了对他人的价值和他人对自己的价值两个方面。

第三，人既是个体存在，又是社会存在。作为个体，人有独特的需求，只能在社会中得到满足。因此，人必须为社会尽责任和义务，以维持社会的正常运转，促进社会的发展。

第四，人是自然存在，又是超自然存在。自然是人类满足自身需要的对象，同时，自然作为人的生存家园，其状况直接影响人的生存环境。因此，人既有为自己也为他人善待自然的职责和义务。

生命价值观为人们的生命活动提供引导和方向，是系统化、整体化的生命价值态度和意识。它涵盖了人对自己与他人、社会和自然的关系的认识，以及生命的培养、判定、反思等方面。生命价值观是整个社会秩序和稳定的基石。它具有丰富多元的特点，既包括人对自身生命价值的认识，也涉及人与他人、社会和自然之间的价值关系。

二、生命价值观教育

生命价值观教育是在一定社会背景下，阶级或集团通过各种途径和手段，将本阶级或集团所认可的生命价值观念传递给受教育者的活动。这一教育过程与人类生命的起源和发展密切相关，经历了从自发到自觉的历史变迁。

在远古时期，人类为了生存和发展，满足基本物质生活需求和繁衍后代，开始了生命教育和朴素的生命价值观教育。随着生产力水平的提高，社会财富丰富，阶级差异和矛盾逐渐显现。为了维护统治，统治阶级开始有意识地培养顺从其统治的人才，将生命价值观教育由自发转向自觉。

现代社会中，生命价值观教育的重要性越发凸显。它有助于人们形成正确、理性地对待自然生命的态度，推动自然生命的强化和完善。此外，生命价值观教育还强调个体内部和谐、与他人的平衡关系，以及精神生命的追求。生命价值观教育的三个维度如下。

第一，自然生命保存。包括生理健康知识教育、自我保护教育、安全教育等，为人的发展和完善奠定基础。

第二，社会生命践行。让生命体在自我内部保持和谐，同时在与他人的关系上保持平衡，实现自我全面发展与社会进步的和谐一致。

第三，精神生命追求。帮助人们实现自身价值，从单一的肉体生命中摆脱出来，进入全面自由发展的境界。

生命价值观教育在人类历史长河中具有重要地位，为个人的全面自由发展和精神生命的追求提供支持。在现代社会，生命价值观教育越发凸显其价值，对于维护社会和谐稳定、促进人类文明发展具有重要意义。

第二节　新中国生命价值观教育的反思

生命价值观教育在中国具有悠久历史，传统社会教育基本涵盖生命价值观教育。新中国成立后，生命价值观教育进入新阶段，教育目标、内容、方法发生深刻变化。作为社会主义教育事业重要组成部分，生命价值观教育在推动社会主义事业发展中发挥重要作用，但也存在不足。反思历史，对当前生命价值观教育具有借鉴意义。新中国的生命价值观教育可分为改革开放前和改革开放后两个阶段。

一、改革开放前生命价值观教育的反思

新中国生命价值观教育的发展受到特定历史时期的经济、政治和文化环境的影响。从新中国成立至改革开放前，中国一直实行计划经济体制，经济发展水平相对较低，难以满足人民群众日益增长的物质和文化生活需求。

这种独特性源于历史和现实两个方面。从历史角度看，近代以来，中国社会在西方列强的侵略和专制政治压迫下，长期处于战争和动荡之中，生产力遭受严重破坏。为了争取民族独立和民主自由，中国人民进行了前赴后继的斗争。在这个过程中，新民主主义革命时期，中国共产党人实行了类似战时共产主义政策，把有限的资源集中起来，实行计划、限额分配。

从现实角度看，新中国成立后，虽然民族革命和民主革命任务基本完成，但战争创伤需要时间治愈，新生红色政权也成为帝国主义国家的敌对

目标。为避免重蹈覆辙，中国必须发展自己的重工业，以满足国防需求。这样的背景条件下，有限资源必须集中用于支持重工业建设，从而确保国家经济安全。

在这个特殊的历史时期，新中国的生命价值观教育肩负着培养社会主义建设者和接班人的重任。在计划经济体制下，教育资源分配有限，但仍然要保证全民受教育的机会，使人们具备正确的生命价值观。为此，我国采用了统一的教育体制、严格执行教育计划、加大对教育的投入等措施，以确保生命价值观教育在国民经济和社会发展中的优先地位。

总之，新中国的生命价值观教育在特定的历史背景下，努力满足人民群众的基本需求，为国家经济发展和社会进步培养具备正确生命价值观的人才。改革开放以来，随着经济、政治、文化等方面的不断变革，我国生命价值观教育迎来新的发展机遇，继续为社会主义现代化建设贡献力量。

中国共产党人在领导人民进行新民主主义革命的过程中，坚定地信仰马克思主义，并将其与中国革命的具体实践相结合，形成了具有中国特色的马克思主义理论——毛泽东思想。马克思主义的历史唯物主义观念使社会学从空想变为科学，为中国社会的发展指明了方向。

在中国社会中，马克思主义理论成了亿万群众的实践指南，推动了民族革命和民主革命的光荣伟大任务。中国共产党人坚定不移地信仰马克思主义，将其作为行动的指南，努力实现共产主义的理想。

马克思在批判资本主义制度时指出，生产的无计划性是导致资本主义经济危机的根源之一。为了防止经济危机，未来新社会必须实行计划经济。这一观点被中国共产党人接受，并在新中国成立后付诸实践。在计划经济体制下，国家对经济活动进行有计划的调控，以满足人民群众日益增长的物质和文化生活需求。

在新中国实行计划经济的过程中，中国共产党人充分发挥了领导作用，积极推动经济体制改革，使国家逐步走出贫困，实现国家的繁荣富强。计划经济体制在很大程度上保障了国家经济的稳定发展，为社会主义建设奠定了基础。

随着改革开放的推进，中国逐步实行市场经济，计划经济体制逐渐退出历史舞台。但在新的历史条件下，中国共产党人仍然坚持马克思主义指导地位，不断探索适应时代发展的经济体制改革。在新的社会主义建设中，中国共产党人将继续发挥马克思主义的指导作用，推动中国特色社会主义事业不断发展。

在特定历史背景下，生命价值观教育具有自身特点。改革开放前，生命价值观教育并非独立存在，而是与思想道德教育紧密结合，主要涵盖人生观教育。教育内容既不系统，也不全面，研究重点在于人生观或人生价值。

在教育内容方面，生命价值观教育未能科学合理地处理人的多方面、多层次生命价值之间的关系。从个体生命价值角度看，教育重视精神生命价值，却忽略了物质生命价值。在物质产品匮乏的时代，这种现象较为自然。由于无法满足人们物质生活需求，教育只能强调精神境界的提升，将艰苦朴素、勤俭节约等作为传统美德。

然而，在特定时代背景下，过分强调节约和贬斥物质生活需求会导致恶性循环。这种观念不仅不能促进经济发展，还将人们变为禁欲主义的囚徒。物质生活与精神生活之间应保持平衡，适度消费是经济运转的重要环节。

随着改革开放的推进，生命价值观教育逐渐走向独立，内容更加系统全面。在新的历史条件下，生命价值观教育应关注人的全面发展，平衡物质与精神生活的关系，促进社会和谐发展。在新的社会主义建设中，生命价值观教育将发挥重要作用，引导人们树立正确的人生观和价值观，为实现中华民族伟大复兴的中国梦贡献力量。

从个体生命价值和整体生命价值的角度看，改革开放前的新中国生命价值观教育表现出重视整体、轻视个体的特点。人既是个体存在，也是社会整体性存在。这种整体性以社会、国家、民族或组织的面貌出现。人的存在特点意味着生命价值既有个体性，也有整体性。

个体性生命价值体现在个体权利的享有、个性的发展、独立人格的尊严等方面。整体性生命价值则表现为个体对社会、国家、民族或组织的生存与发展所承担的责任。两者既相互区别，又相互联系，互为前提，是一种对立统一的关系。科学合理的生命价值观教育应促进个体与整体之间的良性互动，平衡两者之间的关系。

随着改革开放的推进，生命价值观教育逐渐走向独立和成熟。在新的历史条件下，生命价值观教育应关注人的全面发展，强调个体与整体的平衡，引导人们树立正确的人生观和价值观。这样才能激发社会创造活力，推动中国特色社会主义事业不断发展，为实现中华民族伟大复兴的中国梦贡献力量。

从人与人之间的关系看，新中国成立至改革开放前的生命价值观教育强调他人生命价值优先，要求人们做到毫不利己，专门利人。这种理想化的道德要求导致人的行为选择迷茫，甚至使道德本身变得虚伪。从自然生命价值的角度看，改革开放前的新中国尚未形成生态文明观念，人类中心主义立场导致自然生命价值被忽视。人们过度追求征服和改造自然，导致生态平衡破坏。

尽管这一时期的生命价值观教育存在诸多问题，但它也有成功的经验。在特定的时代背景下，强调精神生命、整体生命、他人生命及人类生命的价值具有一定的合理性。例如，在一个经济发展水平低下、物质供给贫乏的国家，去煽动人们的消费欲望、强调个性发展是不现实的。从实践效果看，这一时期的教育确实培养了一批英雄偶像和道德楷模，集体主义、爱国主义和革命英雄主义价值观教育在今天仍然具有光辉。

然而，这一时期生命价值观教育的片面化倾向在改革开放后暴露出其不足。在新时代，生命价值观教育需要关注人的全面发展，处理好多层次、多方面的生命价值关系，引导人们树立正确的人生观和价值观。这样才能为实现中华民族伟大复兴的中国梦、构建和谐社会奠定基础。

二、改革开放以来生命价值观教育的反思

1978 年，十一届三中全会召开。此后，中国共产党领导全国各族人民实现工作重心大转移，由以阶级斗争为纲转向以经济建设为中心。在此背景下，经济、政治、文化、对外关系等方面均进行了重大调整与改革。经过四十多年努力，中国社会发生翻天覆地的变化。改革开放以来的生命价值观教育，就是在这一背景下进行的。

中国市场经济逐步发展，但仍存在不成熟的市场经济特点。市场竞争实现资源配置，激发人们的财富意识和自由平等意识。然而，市场经济也带来社会分化、资源集中化、道德滑坡等问题。在计划经济条件下，人们不敢谈论财富和物质生活；而在市场经济中，发财致富成为人们日常生活的重要话题。

自改革开放以来，中国文化的世俗化趋势日益明显，成为文化领域的一大特色。这一进程源于西方文艺复兴时期，当时资本主义因素逐步生长，

商品经济不断发展，个体意识觉醒，导致世俗社会生活从边缘走向中心。这种变化催生了人文主义思潮的兴起，它肯定人的现实生活的合理性，强调人的尊严和价值。

人文主义者高举"幸福在此岸"的旗帜，倡导追求物质生活的享受和快乐，反对禁欲主义。

随着市场经济的发展和人们生活水平的提高，人们对物质生活的追求变得越发强烈。与此同时，个体意识的觉醒使人们更加关注自身的价值和尊严。在这种背景下，文化的世俗化表现为对现实生活的热爱，对物质和精神生活的平衡追求。

文化的世俗化对中国社会产生了深远的影响。一方面，它促使人们摆脱宗教神学的束缚，更加注重现实生活中的幸福和快乐；另一方面，它也推动了中国社会的现代化进程，使得国家在世界舞台上日益繁荣昌盛。然而，文化的世俗化也带来了一定的负面影响，如过度追求物质生活、忽视精神文化发展等。因此，在推进文化世俗化的同时，我们应关注精神文化的培育，引导人们树立正确的人生观和价值观，实现物质与精神的协调发展。

在新时代背景下，文化的世俗化将继续发展。面对这一趋势，我们应充分认识到文化世俗化的双面性，积极推动文化创新，传承优秀传统文化，培育具有时代特色的文化价值观。同时，关注个体精神需求的满足，引导人们在生活中追求物质与精神的平衡，以实现全面发展的目标。

改革开放后的生命价值观教育呈现出四个特点。首先，在理论研究方面，学者们自觉地将生命价值观教育从大学生教育中独立出来，发表了一系列学术论文和专著，标志着独立的生命价值观教育在中国正式出现。

其次，在教育内容方面，这一时期的生命价值观教育不再贬斥人的物质生命价值，而是强调物质生命价值和精神生命价值的统一。这一变化源于市场经济的发展需要和财富创造能力的提升，使得人们的物质生活需求和追求得到肯定。

再次，在个体生命价值观与整体生命价值的关系方面，改革开放后的生命价值观教育不再单纯强调整体生命价值，而是强调个体生命价值和整体生命价值的统一。同时，教育色彩逐渐淡化，更加注重普遍性和先进性的结合，对普通大众的价值选择表现出更多的肯认和包容。

最后，在人的生命价值与自然生命价值的关系方面，改革开放以来，随着经济快速发展，自然资源消耗加剧，生态环境问题突出。这使得人们重新思考人与自然的关系，人类中心主义受到质疑。生命价值观教育逐渐形成尊重自然、尊重生命的独特价值的共识，实现人的生命价值与自然生命价值的统一。

总之，改革开放后的生命价值观教育在理论研究、教育内容、个体与整体生命价值关系、人与自然关系等方面实现了统一。这一变化有助于纠正过去生命价值观教育的局限，推动人们树立正确的人生观和价值观，实现全面发展。在新时代背景下，生命价值观教育将继续发展，引导人们关注物质与精神的平衡，促进社会和谐与生态文明的建设。

生命价值观教育在实际效果方面存在一定问题。首先，教育内容不够生活化，未能贴近人们的日常生活。在当今时代背景下，生命价值观教育应紧密结合时代特点来展开，但目前的教育内容多停留在理论层面，与现实生活脱节。这导致受教育者产生疏离感，教育效果不尽如人意。

其次，教育者自身的示范效应弱化。教育者对自己所传播的内容应首先指导自己的人生实践，做到知行合一。然而，在现实中的教育队伍中，存在不少奉行享乐主义、消费主义、个人主义的人。这种现象使得教育者自身的示范作用大打折扣，影响教育效果。

最后，大众传播媒介的影响也不容忽视。在市场经济发展的背景下，部分传媒人追求经济利益，渲染物质生活享受的内容。这种现象对人们，尤其是青少年产生了不良影响，使得生命价值观教育面临挑战。

总之，新中国成立以来的生命价值观教育虽有成功经验，但同时也存在失误教训。为提高教育效果，我们需要认真分析和研究这些问题，并结合现实生活，优化教育内容，强化教育者的示范作用，引导大众传播媒介传播正能量，从而促进生命价值观教育的全面发展。在新时代背景下，生命价值观教育应关注人的全面发展，引导人们树立正确的人生观和价值观，为实现中华民族伟大复兴的中国梦贡献力量。

第三节　当代生命价值观存在的问题

近现代以来，世界经济、政治、文化变革对人们生命价值意识形成产生了重大影响。在面临诸多生命价值意识问题的背景下，我们需要深入分析和研究，引导人们树立正确的人生观和价值观，实现生命的全面发展。在这个过程中，既要关注物质生活的改善，也要注重精神生活的丰富；既要传承优秀传统文化，也要勇于创新和融入现代社会。通过这些努力，我们有望化解生命价值意识的各种问题，促进社会和谐与个人幸福。

一、工具理性的膨胀与人的目的性生命价值意识的遗忘

理性是人类灵魂所特有的思想能力，是人区别于动物的重要特征。人类从动物中脱颖而出，不仅因为在能力和技术上的优越性，还因为人类具有自我直观和自我确证的能力。理性具有双重意义：一是指人正确认识外在对象，通过探求认识主客关系实现；二是人对自身的反观和直观，通过追问人自身的过去、未来、现在和人与人之间的关系达成。这两个层面是不可分割的，旨在将理性作为认识和定义人本性的途径。

在柏拉图的理论中，理念被视为理智对象；在灵魂学说中，灵魂分为理性、激情、欲望三重。亚里士多德将理性分为理论理性（想象、抽象）和实践理性（思虑、选择），并认为理性的伦理学意义与认识论意义本是一体。当理性指导人的行为时，表现为德行。对外在对象的认识和改造为人而存在，作为工具而存在；对人自身的本真和"未名性"的探求则是目的和方向，指向最高"善"。

总之，理性在人类发展中具有重要地位，既体现在认识外在世界的能力上，也体现在对自身本性的探求上。在人类历史长河中，理性不断引导着人们追求真理、实现自身价值，成为推动社会进步的重要力量。在当代社会，我们应继续弘扬理性精神，关注人的全面发展，推动科技、道德和文化的繁荣，为实现和谐社会与人类福祉贡献力量。

工具理性是指技术性层面的理性，其发展路径与近代自然科学的兴起和壮大历程相一致。启蒙运动所主张的启蒙理性便是工具理性最明确的体现，宣告了理性时代的正式开始。然而，物质文明的到来并未带来人类高度的精神文明，科技发展并未使道德生活得以提升，反而使人类的精神和道德生活呈现下降和滑坡趋势。

马克斯·韦伯将理性分为"工具理性"与"价值理性"。在韦伯的理解中,工具理性是为了实现某一合理目的而合理地选择实现目的的手段、工具,其衡量标准是运用手段达到既定目的过程中的有效性。而价值理性则是行为不顾预见到的后果,坚持关于义务、尊严、审美、宗教律令、虔诚或事实的信念。韦伯认为,在资本主义社会产生之前,价值理性在社会生产和生活领域起主导作用;资本主义社会产生后,目的的合理性占据主导地位。

然而,随着资本主义的发展,宗教的动力开始丧失,物质和金钱成了人们追求的直接目的,手段变成了目的。这导致工具理性超出了自身的运用性质和范围,成为"非法使用"的范畴,成了套在人们身上的铁的"牢笼"。在这个"牢笼"中,人们过分关注物质生活,忽视精神生活的丰富和发展。

为了解决这一问题,我们需要在继续发展科技、提高物质生活水平的同时,关注道德和精神的提升。我们应该提倡价值理性的回归,使人们在追求物质生活的同时,不忘对精神生活的关注和丰富。此外,还应关注人与自身、人与人、人与自然之间的矛盾和冲突,努力实现和谐共生。通过这些努力,我们有望打破工具理性带来的"牢笼",实现人类全面发展和幸福生活。具体来说,工具理性的过度运用在道德生活和政治生活领域可能带来以下危害。

首先,在道德方面,人应该为自己的存在寻求意义和价值,而不仅是满足基本的生存需求和欲望。孟子所说的"食色,性也"是指人类作为动物存在的必然性要求,但这些只是作为基础性条件,不能成为人生活的全部。人之所以为人,在于从自然的必然性中看到自身的自由和自主,从他人的劳动和产品中确证自身。人与人之间的内在关系保证了平等主体地位，使我得以摆脱孤独境地，直观到自身的类本质。

其次，在政治生活方面，工具理性的过度发展导致人们只追求最大限度地占有社会资源，把他人和他物视为实现自己占有和消费目标的工具。此时，人类被自己创造出来的物质世界所控制，金钱和权力成为衡量自身价值的唯一标准，幸福定义也局限于物质占有和消费的快感。这种状况使得人与人、人与自然之间的道德存在价值受到消解。

最后，在人与人、人与自然的关系方面，工具理性的片面发展导致一切被视为外在对待，一切都只是自己的工具和手段。这种情况下，道德和法律成为人之上和之外的束缚和限制，人们极力想逃避和挣脱。如此一来，社会只是一群为物所累的动物的集合，他们相互厮杀和争夺，伦理关系被技术性效率问题所取代。

为了解决这些问题，我们需要重视人的精神性成就，提倡德行和善，关注人与人、人与自然之间的道德关系。我们应该将道德教育与物质生活、政治生活相结合，引导人们树立正确的人生观和价值观。此外，还需加强对法律和伦理的宣传教育，提高人们的道德素养，培养具有道德责任感和公民意识的社会成员。通过这些努力，我们有望构建一个和谐、公正、充满人文关怀的社会。

就政治生活而言，工具理性高度膨胀导致政治体制科层化日益严密和烦琐。整个政治运作过程已变成一部机械运行的大机器，政治工作人员只是作为其中的微细零部件。衡量他们工作成就的标准是根据运用手段达到既定目的的过程有效性。在这种环境下，人被视为实现政治目的的工具和手段，而不再具有自身的主体意识和地位。

阿伦特和鲍曼将科层制视为大屠杀的原因，因为科层制结构瓦解了人们的道德属性和反省能力。在科层制体制下，每个个体都在局部中努力完成某一明确任务。他们既不去理会任务的性质，也无力改变整个科层制的运作方式。当这些个体的努力汇集在一起时，便导致了对一个民族的暴力和不道德行为。

科层制是由充斥着工具理性的现代环境酝酿的产物。政治学并非自然科学，政治生活的体制建设旨在实现人的价值和维护人的权利。在政治运作过程中，人的主体地位和价值理性引导是必须的。一旦将政治视为方程式来运作，人便只是实现政治目的的工具，这颠覆了政治与人的主客关系，也违反了政治生活为着人的完善的目的。

总之，人的理性具有双重取向和要求。一方面，工具理性充当认识和改造外在对象的功能，作为手段存在；另一方面，价值理性旨在实现人的本真和意义的认识与确证，作为目的存在。手段和目的共同构建完善的理性王国，二者缺一不可，地位也不可颠倒。本末有序，方能实现人的全面发展与政治生活的和谐。在现代社会中，应关注人的价值理性引导，确保政治生活为人服务的目的，构建一个公正、和谐、充满人文关怀的社会。

二、生命科学的发展与生命神圣价值意识的消解

生命科学是近代自然科学研究的重要组成部分，它的发展与近代自然科学的兴起和繁荣密切相关。生命科学研究采用经验性观察和实验方法，致力于探索生命物理结构，为人类提供了关于生命起源和生灭规律的深刻理解。

生命科学初期以观察生物群体生活和个体生命过程为主要研究内容，达尔文的进化论和《物种起源》是其典型代表。进化论基于长期实地观察，揭示了生命起源及其生灭规律。细胞的发现使生命科学得以深入到微观层

面，更强调实验方法的重要性。

当代生命科学在细胞和分子基础上进一步研究基因谱系，试图将人的精神活动还原为肉体运作现象。生命科学将人体视为机械存在，通过对人体整体进行物理性精密分析，旨在解读和诠释人的全部生命。在生命科学的研究中，一切生命活动，无论是身体机能还是思想活动，都可以被还原为由基因和细胞结构组成的神经控制和反应。

生命科学的不断发展使人类成为自身和自然界的"上帝"。人类不仅可以在一定程度上控制自身的存在和命运，还可以通过医学技术、克隆技术、转基因技术等创造新的物种。生命科学为人类自身和整个外在环境的延续和改善提供了可能和机会。

然而，生命科学的发展也带来了一定的挑战。人类在成为自身和自然界的"上帝"的同时，需警惕过度干预自然界所带来的后果。在追求科技进步的同时，应充分考虑伦理道德和生态环境的可持续发展。只有这样，人类才能在生命科学的发展中实现自身价值的全面提升，创造一个和谐、美好的未来。

生命科学在人类对自身和自然的认识与改造过程中发挥着重要作用。然而，这一学科在技术操作上存在一定的缺陷。生命科学将人视为由身体和精神两大领域构成的整体，对身体领域的研究有助于人类更好地了解和掌控自己的生理机能，改善健康状况。然而，精神领域涉及个体在社会化过程中的动态和流变，生命科学对精神现象的机械化解释违背了精神的本性。

生命科学试图利用人类的力量重新设定自然界，改造出符合科学和效用最大化的自然物。然而，这种做法仅是基于人类有限的理性能力，试图超越自然界自身历史和演化的幻想。克隆和转基因技术在短期内似乎可以满足人类利益最大化的需求，但这是建立在对事物自然结果和法则的改变之上，对自然界物竞天择法则的强力干预。

自然界生物链，包括人类在内，是经过漫长历史形成的稳定性因果循环。一旦强力改变，必然导致生物失衡，最终危害人类自身利益。此外，人类的理性认识能力和改造自身及其他存在物的能力都是有限的，受历史和具体环境限制，因此，不可能完全避免局限和弊端。

在生命科学研究和应用过程中，我们应认识到人类理性认识和改造能力的有限性，遵循自然规律，保持敬畏之心。科技进步不应以破坏生态环境和伦理道德为代价，而应在尊重自然、保护生态的基础上，为人类创造更美好的未来。这意味着，生命科学应在充分认识自然规律的基础上，发挥其应有的作用，促进人类与自然和谐共生。

生命科学的发展旨在从神的控制下解脱人类和自然界，实现人类理性认识自身和自然界。进化论和细胞学说揭示了生物的自我运作本性，使人们认识到人类可以借助自身理性来认识和改造世界。随着生命科学的不断深入，人类不仅追求真理，还把自己视为世界的中心，以人的需求和利益为标准设定他物的存在。

生命科学使人类从传统神学的束缚中解放出来，消除了人们对神和自然界的敬畏。然而，这一解放过程也使道德逐渐世俗化和功利化。人类的善恶观念不再基于宗教道德信念，而是以利益为权衡。这导致人类道德的沦丧，人与人之间的关系充满利益交换，生命的精神意义消失。

此外，人与自然界的关系也发生了变化。人类凭借欲望和要求凌驾于自然之上，对自然界进行肆意改造。这种主从关系导致了人与自然之间的矛盾和冲突不断激化，如全球环境危机和物种灭绝。人类原本只是物种之一，现在却以自身为尺度衡量和要求其他物种。这使得人类对生命本身的敬畏和关爱逐渐淡化，生命科学的技术化处理使生命失去了特有的灵动性。

在生命科学的发展过程中，人类应认识到自身在自然界中的地位，保持对生命的敬畏和关爱。在追求科技进步的同时，关注道德伦理和生态环境的可持续发展。只有这样，人类才能实现与自然的和谐共生，创造一个美好的未来。

三、消费主义流行与人的精神性生命价值的迷失

自西方文艺复兴以来，人类文化和社会生活发生了重大变革。宗教的束缚逐渐松动，人们开始转向追求人的欲望满足和自我实现。宗教生活专注于精神修养和对上帝的信仰，以确保道德本性得到维护。而世俗生活则崇尚物质享受和科学探索，强调理性认识和改造自身及外在自然的力量。

在这种背景下，人们的价值观发生转变，不再以宗教教义为指导，而是以理性为最高标准。生活态度和生活方式发生了改变，从追求道德境界转变为追求创造、占有和享用新事物。人们热衷于不断探索知识，认为理性是人类决定生活的主导力量。

然而，这种转向也带来了一定的问题。在追求物质生活和科学探索的过程中，人们容易忽视生命存在的根本目的，导致精神领域的追求被外在技术和物质性追求所替代。过分关注物质享受和创造新事物，使得人们难以关注生命的内在价值和精神追求。

为了克服这一问题，人类需要在理性和物质追求的基础上，重新审视生命存在的价值和意义。在现代社会，我们应关注道德伦理和生态环境的

可持续发展，将理性与道德相结合，实现人与自然的和谐共生。只有这样，人类才能在不断发展的同时，保持精神生活的丰富和纯洁，创造一个美好的未来。

文化世俗化和工具理性主导下，劳动及其产品发生了异化。人类原本通过劳动及其产品来直观自身，确证自己的本质和价值。然而，文化世俗化引发的商品经济使劳动异化为劳动力出卖，劳动产品的创造不再能确证自身。劳动者仅以劳动来延续肉体存在，资本家和消费者则用劳动产品来满足自身的欲望。

消费主义的产生与工人阶级生活水平的相对提高有关，表现为虚假的丰裕社会。工人在异化劳动中导致的精神空虚在消费活动中得到虚假的补偿和满足，从而部分缓解了自主性缺失的问题。然而，消费主义背后隐藏着人本真价值的缺乏危机。人们通过占有物质来满足自身的意义和存在感，却未意识到成为物质的奴隶。

在当代条件下，消费主义呈现出新的特点，消费对象逐渐从有形商品扩展到无形的文化和精神性消费。但这并不意味着人类开始关注精神实质，而是消费内容从物质化转向娱乐化。消费对象这一横向延伸推动了文化世俗化的进一步深化。娱乐时代的到来，尤其是网络带来的信息爆炸，使得人们更加沉迷于琐碎事物，遗忘生命的真正意义。

消费主义的泛滥导致对大量物质和精神产品的需求，必然导致生产消费产品的自然材料和工人的严重甚至过度消耗。这种消耗给人的健康发展和社会的可持续发展都带来极大危害，容易导致社会资源加速枯竭，废料产生和环境污染日益严重，对人类的延续和后来人的生存状况形成重大威胁。

为应对这一挑战，人类需要重新审视劳动及其产品的价值，关注精神生活的丰富和纯洁。在发展经济的同时，重视资源节约和环境保护，实现可持续发展。此外，弘扬人文精神、引导人们追求真实、崇高的生活目标，以克服消费主义带来的精神空虚和价值缺失。

综合来看，文化世俗化和消费主义的流行共同导致了人们对人本身存在的追问被消解。人们从精神生活追求转向物质生活享受，将人自身的工具理性及其成果视为本真和目标。这种转变实现了从以"上帝"为绝对神圣的精神性生活向以人为主宰的物质性生活转化。文化世俗化和消费主义一方面极大地丰富了人们的物质生活，使得人的生活样式变得丰富多彩。另一方面，却也使得人们执迷于物质性的占有和享用，把这一基础性条件当作最高目的存在。人们一生忙碌于物质追求，却忽略了反向回到自身，通过劳动和产品来寻求正确答案的机会。

四、价值虚无主义、相对主义与生命而上学价值意识的坠落

人作为思维性存在，面临着内外因素的流变性和不确定性，因此，需要探讨自身存在和生存意义。传统形而上学、伊壁鸠鲁式解答和怀疑论是三种解决路径。在现代性产生之前，人们坚信形而上学规范，超感性世界为感性世界赋予价值、意义和目的。

随着现代性的发展，传统形而上学和神学逐渐失效。这导致超感性世界的崩塌，人们失去了自己的本质联系，不得不重新寻求解答自身"未名性"问题。价值虚无主义应运而生，尼采和海德格尔分别从价值论和存在论角度分析了虚无主义的根源。

尼采认为形上世界是虚构的，与感性世界没有本质联系。他主张以积极的虚无主义拯救虚无主义，通过对传统形而上学的颠倒，批判一切价值

后以人的感性生命为自身确立价值。海德格尔则从存在和存在者的区分入手，认为虚无主义的本质是存在的缺席。他主张回归前苏格拉底思想，通过诗化思维走出虚无主义泥沼。

为摆脱虚无主义困境，人类需要重新审视传统形而上学，批判其局限性。同时，关注人的感性生命，为自身确立价值。此外，回归前苏格拉底思想，以诗化思维探讨存在本身，从而在现代化背景下找到一条走出虚无主义的道路。这将有助于人类在遵循形而上学原则的同时，确保精神生命、价值生命和德性生活的发展。

价值虚无主义使人们的生存根基和生存理念的同一性和绝对性消失。在面对缺乏共同依据和原则的情况下，人类需要重新审视如何权衡和定位自身存在、人与人之间及人与自然之间的关系。

传统形而上学的外在标准被抛弃，但人们不可能将自身视为无根基和确定的存在。因此，剩下的唯一路径是伊壁鸠鲁式的"原子论"解答。根据这一观点，每个原子在降落过程中做偏斜运动，产生独特的规定性。个体之间有区别，并以自身标准为准则。这样的解答导致价值相对主义的盛行，形而上学价值等级秩序逐渐退场。

在价值虚无主义的影响下，现代人不断尝试相信各种价值，但随后又将其取消。这使得过时的和被取消的价值范围变得越来越丰富，而价值的空虚和贫困越发明显。面对这一现象，人们应认识到价值虚无主义的局限性，并在追求个体独特性的同时，关注道德伦理和生态环境的可持续发展。只有这样，人类才能在价值相对主义的时代背景下，找到一种平衡和谐的关系，实现自身与他人的共同进步。

随着人们从形而上学束缚中解脱出来，他们获得了精神自律空间和提升价值抉择能力的机会。然而，这一变革也带来了一系列问题。首先，如麦金泰尔所说，传统道德的外在权威被解放后，新的自律行为者的道德话语失去了权威内容。每个道德行为者都可以自由表达观点，但这种自由导致传统价值秩序的失真。

其次，价值自主选择权的普及使得个体差异取代了传统的价值稳定体系，导致整个社会价值发生失序和混乱。在现代社会，人与自然、人与人及人与神圣价值的关系发生了颠倒。人们追求物质利益、个人发展和世俗价值，而不再是自然、共善和神圣价值。

此外，卡尔·施密特认为，现代社会的价值主体性自由导致了一场永恒的斗争和敌对情绪。价值观念的多样性使得人们之间容易产生冲突和对抗。相较于传统社会，现代社会中的价值观念更加多样化，人们为实现自身价值目标和利益而斗争。这种斗争不仅导致社会矛盾加剧，还使人与自然的关系变得紧张。

为应对现代社会价值失序的问题，人们需要重新审视道德权威和价值观念。在保持价值自主选择权的同时，重视道德伦理和生态环境的可持续发展。通过弘扬传统道德观念中的优秀成分，如尊重自然、关爱他人和追求神圣价值等，重建现代社会的价值秩序。此外，加强文化交流与对话，促进不同价值观念之间的理解与包容，以减少社会矛盾和冲突。

在价值观念多元化的时代，人们应关注共同价值和道德规范，实现人与自然、人与人之间的和谐共生。只有这样，现代社会才能在尊重个体差异的基础上，建立起稳定的价值体系，为人类的繁荣发展提供有力保障。

第四节　尊重生命：当代生命价值教育的升平

尊重生命是当代社会基本的生命价值意识，但它仅是我们追求更高生命价值的第一步。人要实现生命的价值，还需要不断地善化自己的生命。善化生命的过程就是让人们在社会关系中承担起应有的责任，使生命具有更深层次的意义。

生命价值的提升需要从三个方面努力。首先，在内心深处确立起对生命的尊重，将之视为不可侵犯的基本权利。这意味着要尊重他人的生命，同时也要珍惜自己的生命。其次，努力使自己的生命具有善的意义。这要求在行为上遵循道德规范，关爱他人，为社会创造正面价值。最后，在特定的社会关系中承担责任，通过与他人的互动来实现生命的价值。

一、生命的多重责任

个体生命是宇宙生命体集合的根基，生存责任和态度抉择需落实到每个人身上。生命的价值和意义唯有在个体存在者的意识和行动中才能真正体现。孔子教化原则强调以德治国，使道德礼仪内化于人心，从而在生命责任和义务面前勇于担当，避免消极抱怨。

要实现生命个体的安于道义，需要让其明了自身所处的具体时空关系，了解历史的传承和流向。这样，个体才能在宇宙中找到自己的位置和关系，把握方向和追求，而不沦为无源之水、无本之木。在万物关系中，个体既要发挥主体性，尊重自身存在和价值，也要尊重他者的存在，避免强制或束缚。

此外，个体生命还与抽象的、集群性的团体和组织存在紧密关联。个体与群体的关系审定对生命态度和价值选择有决定性影响。个体生命定位受到传统和未来的影响，对"我从何而来，又向何而去"的追问有助于指引当下的生命抉择。

总之，个体在漫长的历史长河中，需通过践行道德礼仪，明晰自身与宇宙的关系，承担生命责任，实现自我生命的善化。这样，才能实现整个自然生命形态的和谐发展，找到生命的存在感和现实感。在追求善化生命的过程中，个体要学会在关系中定位自我，积极面对生活中的得失成败，将道德价值观内化于日常行为和人生追求中，从而实现生命的价值和意义。

（一）个体与自身的关系及其责任

个体生命的善化和责任始于对自我本真的理解和领悟。一个人若对自己的存在缺乏肯定，对生命不够重视，便无法谈及善化和完善。个体生命责任和善化的前提在于尊重和负责自身。这种责任因肉体和精神双重划分而具有两层意蕴，即对肉体生命的爱护和对精神生命的追求。肉体生命责任体现在珍惜身体、爱护生命、满足基本需求等方面。生命来源于父母，具有天然的权利。人类生命延续的基础，不能随意损害。满足物质性需求是人类天赋权利，源于自保本能。任何"主义"和"信仰"都不能剥夺这一权利。精神生命责任在于追求完整生命所需的其他构成因子。这包括心灵的滋养、情感的满足、精神的成长等。个体应关注内心世界，追求真善美，实现精神层面的提升。个体生命的善化和责任要求人们珍惜肉体生命，满足基本需求，追求精神生命的升华。这不仅是对自己的尊重和负责，也是对人类生命延续的尊重和敬畏。在保障物质性生活的同时，注重精神层面的追求，实现个体生命的完整与和谐。在此基础上，个体才能在社会中发挥积极作用，促进人类文明的进步。

个体对精神生命的善化意味着在生命旅程中，始终以生命本真为宗旨，秉持内在自我实现来引导生命进程。物质追求的目的在于为肉体存在提供基础，使人们拥有充足的精气神去追求和实现生命理想。资本和金钱仅作为实现生命目标的工具和条件，而非生命存在的真谛和意义。人应通过大量劳动和实践来证明自身存在，实现自我价值，以自我为目的，而非仅追求外物。

个体精神追求决定其独立和自足特性。在茫茫人海中，个体应遵循良知的呼唤，保持自身个性，不被外界统一，不受集体规范的束缚。整体与个体之间不存在原则上的矛盾和对立，而是相辅相成的关系。个体生命的勇于追求自我理想、敢于直面外界质疑、善于抵制环境压抑，有助于精神世界的丰富和拓展，从而促进整个团队的发展和创新。

总之，个体在精神生命的善化过程中，应以生命本真为宗旨，实现内在自我，勇敢追求理想，保持个性，遵循良知召唤。这样，不仅有利于个体成长和实现，还能为整个团队的发展和创新注入活力。在不断挑战和超越自我的过程中，个体的精神世界将绽放出绚烂多彩的光辉。

（二）个体与他人的关系及其责任

个体生命存在于千千万万的生命之中，无法孤立存在，与他人建立关系是生命进程中的必然。如何看待和处理人际关系，决定了个体在他人心中的定位和责任。作为生命的主体，个体具有独特性，他人同样具有自主性。主体间的交流、差异看法和共存问题，都是善化生命需要面对的。

简单地以力量衡量是非对错，会导致无休止的争论和暴力。个体应在差异的基础上寻求共同点，以宽容的态度对待异质性存在者。通过交互理性实现共存与交融的和谐，既保持自我独立，又能成全他人追求。

个体在与他人关系中的责任表现在保全自身和尊重他人。禁绝外在暴力，保持本真态度，同时具备同情原则。个体应尝试融入他者的生存背景和情境，以"己所不欲，勿施于人"的黄金规则处理人际关系。发挥"忠"道，实现人与人之间的平等和共享，促进人类群体的全面自由和发展。

在共存互助中，个体不断完善和发展自身，实现对他人生命的尊重和负责。个体生命存在于多样化的环境中，通过互助和共赢，实现整个人类群体的全面自由和发展。在处理人际关系时，遵循"忠""恕"之道，实现主体的异质性和多样化。这样，个体既能保持独立，又能与他人和谐共生，共同促进人类社会的进步。

（三）个体与群体的关系及其责任

个体生命存在于历史文化共同体中，无法脱离人群或集体。启蒙政治学家的自然状态仅为思想预设，不具现实依据。群体性存在为个体带来文明烙印，塑造生活模式，满足安全感和利益追求。然而，物质文明的过度膨胀导致道德下滑，世界秩序和物质形态遭受破坏。

在集体中，个体往往受限，自由和个性追求受到冲击。群体性血缘和地缘关系导致排外倾向，异质化群体遭受消灭或同化。个体在整体性中扮演历史承接者和未来开启者角色。既要保持独立，又要融入群体秩序，改造不合时宜之处。

个体对集体的责任和义务是群体性组织运作的动力，同时也是个体自我实现的途径。在良性循环中，个体与群体共同进化，实现生命本真形态。个体需在遵循道德规范的同时，保持对群体的批判精神，以实现个人与集体的和谐发展。通过平衡服从与批判，个体能够在承担生命责任的过程中，推动自我实现和集体进步。

（四）人与自然的关系及其责任

个体生命隶属于自然，作为自然的一部分存在。人类因技术成熟和境界超越而独特。自然界赋予人类生存方式，人类生活领域不能脱离其他生命存在。然而，工业革命后，人类过度开发和征服自然，破坏了人与自然的和谐与平衡。

人类欲利用工具理性替代自然界生命规则，如转基因和克隆技术。这种奴役关系导致自然界的失衡，人类也将为此付出代价。全球变暖、海平面上升等现象威胁人类生存环境。为了自身长远利益和爱护自然界生命体，人类需认清自身在自然界中的地位，推动生命链条的平衡和延续。

这一责任涉及人类未来和子孙后代。人类应将自身融入自然，遵循自然规律，实现人与自然的和谐共生。通过平衡物质需求与精神追求，人类可以实现自身的成长与完善，同时保护生态环境，为子孙后代创造一个美好的家园。在这个意义上，人类对自然界生命的尊重和负责，也是对自己生命的善待和成全。

二、明确责任勇于担当

人作为生命存在，自出生起就肩负着责任，不同的人在面对责任时作出不同选择。有的人忠诚地承担起自己应尽的责任；有的人在承担责任的同时，还勇敢地承担起本不属于他们的责任；而有的人则选择逃避自己应尽的责任。这些不同选择源于个体责任意识的存在差异。当代社会，责任意识的培养显得尤为重要。随着社会分工的日益细化，人们在工作中承担的责任也越来越多样化。只有具备自觉责任意识的人，才能在面对复杂多变的社会环境时，保持清醒的头脑，正确处理各种关系，实现个人与社会的共同发展。责任意识的形成并非一蹴而就，需要个体在日常生活和学习中不断积累、修炼。家庭教育、学校教育和社会教育都应重视责任意识的培养，引导个体在成长过程中，树立正确的价值观，养成承担责任的习惯。

（一）权利与义务的内涵及其关系

权利是人类社会特有的文化现象，与义务相对应。权利指人们可以做出什么行为或实际已经做了什么行为的自由度，通常包括法律和非法律形式的许可。权利内涵存在争议，有"规范说""利益说""力量说""价值说"等不同观点。本书倾向于从"利益说"的角度来理解权利，即权利是权能、权益的集合体，是对人们追求个人价值和社会价值的确认。

义务指人们必须做、应该做或实际做某种行为或禁止做某种行为的约束程度。简单地说，义务就是对人们必须做、可以做、应该做什么或者不必须、不可以、不应该做某种行为的规定。这些规定既有法律方面的，也有非法律方面的，如道德义务、宗教义务等。权利和义务都是随着历史的发展而变化着的范畴，在不同的历史时期，受特定的经济、政治、文化环境的影响，人们对权利和义务的理解也就不同。

权利与义务的关系是统一的，没有权利就无所谓义务，没有义务也就无所谓权利。两者相辅相成，权利基础是利己，义务基础是利他。在一个社会中，权利与义务在总量上的对等是确凿无疑的。权利与义务的统一还体现在功能互补上，权利给人行为提供不确定性的引导，义务给人行为提供确定性指引。

权利与义务的关系要求人们把两者结合起来，在法律和其他社会规范所许可的范围内享受自己的权利，同时也必须尽自己相应的义务。不尽义务的权利是非法的和不道德的，是对权利本质的歪曲。同样，不讲权利的义务就会失去内在的动力源泉。人们应在享受权利的同时，积极履行义务，实现权利与义务的平衡，从而促进社会的和谐发展。

（二）权利与义务关系的历史演进

在原始社会，由于生产力水平低下，权利与义务未能分离。随着生产力发展，社会分工出现，原来的氏族组织形式遭到破坏，权利与义务才逐渐分离。在奴隶社会和封建社会，社会成员被分为统治阶级和被统治阶级，权利与义务的关系呈现出义务本位论特点。

资本主义社会实现了个人本位和政治法律领域的权利本位，调动了个人的积极性和能动性，推动了商品经济的发展。然而，资本主义社会的个人本位体现的是个人主义，政治法律领域的权利本位则是"资本奴役"劳动的表征。

社会主义阶段是人类理想社会的低级阶段，实现了生产资料的公有制和全体劳动者平等。在权利与义务的关系问题上，既不是义务本位，也不是权利本位，而是重新回归到权利与义务的统一。然而，社会主义阶段仍保存了一些资本主义的因素，实现真正意义上的权利与义务合一还需经历漫长的时间。

在当代社会，权利与义务的关系不断演变，不同历史发展阶段呈现出不同的特点。人们应在认识历史发展的基础上，积极寻求权利与义务的平衡，以实现个人与社会和谐发展。对于我国来说，要注重权利与义务的教育，引导人们树立正确的价值观，遵循历史发展的规律，推动社会进步。同时，要在法律和道德层面加强对权利与义务的规范，确保社会公平正义，为人类文明的持续发展奠定基础。

（三）当今中国权利与义务的实践状况及思考

在大多数情况下，劳动者能遵循法律、道德和非正式制度，实现权利与义务的对等关系。然而，在一定范围内，权利与义务分配存在不公正现象，如经济地位差异导致资源分配不公。此外，受权利本位思想影响，部分人只关注个人利益，忽视他人和集体利益。特权现象也存在于部分权力拥有者身上，与其义务不对等。

此外，有些人主动放弃自己的权利，纯粹履行义务，如助人为乐、志愿者行动等。这些行为在一定程度上强化了个人的责任意识。然而，在政治学和法学领域，这些行为往往被视为与权利义务无关的单纯行善行为。这种观点值得商榷。从本原性来看，人是宇宙天地万物的一员，与宇宙万物处于利益相关关系中，因而有自身的权利和义务。

当前中国权利与义务关系的实践状况对人的责任意识产生复杂影响。大多数人能够坚持正确的权利义务观念，强化责任意识。然而，特权现象和权利本位思想导致权利与义务分配不公，加剧社会矛盾，弱化责任意识。为了构建和谐社会，人们应关注本原性义务，提升责任意识，摒弃道德冷漠现象。通过强化权利与义务观念，引导人们在法律、道德和非正式制度的约束下，实现自身权利与义务的平衡，为社会的持续发展奠定基础。

（四）公民社会呼唤责任意识

在中国社会向公民社会发展过程中，公民社会的概念、理论形态及价值观念具有重要意义。公民社会起源于古希腊哲学家亚里士多德的《政治学》，原指城邦国家或自由平等的公民在合法法律体系下结成的伦理政治共同体。近代资产阶级启蒙思想家如洛克、孟德斯鸠、卢梭等将公民社会视为与无政府自然状态相对立的人类社会发展形态，这一理解仍局限于政治国家角度。

现代公民社会理论源于黑格尔和马克思，他们运用"政治国家—市民社会"的两分法分析社会结构，认为市场经济是公民社会的核心。黑格尔、马克思的公民社会观念发生在资本主义自由竞争阶段。20世纪以来，资本主义进入垄断阶段，公民社会理论也发生当代转型。美国政治学家科亨和阿拉托提出重建公民社会的理论主张，主张将经济领域与公民社会剥离开来，以社会组织和民间公共领域作为公民社会的主体。

公民社会不仅是一种社会结构分析理论，还蕴含着人本主义、多元并存、宽容、妥协与互惠、公开性和开放性、法制原则等价值观念。这些价值观念共同构成了以契约精神为基础、以公民精神为集中体现的公民文化。在当代公民社会中，责任意识至关重要。每个公民都需转变观念，形成公民意识，承担责任，善化生命。通过强化责任意识，公民能够更好地参与社会事务，推动公民社会的形成和发展。在此过程中，公民个体需关注自身责任，积极参与社会活动，为构建和谐社会贡献力量。

第四章　茁壮成长：大学生核心素养教育

第一节　核心素养的内涵

20 世纪 90 年代，一些学者明确提出核心素养在推动科学和教育事业发展方面具有关键作用。这主要是由核心素养的内涵和理念所决定，同时也反映了社会价值观和文明建设的重要方面。核心素养不仅影响着国家科学和教育水平，还渗透到社会各领域，成为国家发展的重要支柱。因此，提升全民核心素养对于实现我国的科学和教育立国目标具有深远意义。在新时代背景下，各国纷纷将核心素养视为国家竞争力的重要标志，加大力度培养国民具备全面的核心素养，以应对全球化挑战。我国政府也高度重视核心素养教育，通过制定相关政策、强化师资培训、改革教育体系等措施，努力提高国民核心素养，为实现中华民族伟大复兴奠定坚实基础。

一、核心素养的起源

核心素养理念的提出，是为了顺应时代发展的需求，将经济建设和社会发展视为持续动力与核心。这一理念将培养个人综合素养作为突破口，构建起全面的核心素养体系。这也是全球各国在进行教育改革时必须面对和解决的关键问题。

为了实现 21 世纪人才培养目标，许多国家的学者深入研究了核心素养培养的价值和目标。他们探讨如何在情感、能力、知识等方面对个体进行全面培养，使每个人都能迅速融入社会，实现自我价值，进而推动社会发展和持续进步。正是这一问题，促使各国组织、国家及地区加大人才标准研究力度，注重人才培养和发展。

如今，各国纷纷将核心素养视为人才培养的重要方向，通过对情感、能力和知识的全面培养，助力个体在社会中找到自己的位置，实现价值。在这个过程中，各国政府和企业也不断调整人才标准，培养更具竞争力的人才，以应对未来挑战。在我国，政府高度重视核心素养教育，已经制定了一系列相关政策，强化师资培训，改革教育体系，以全面提高国民素养，为实现国家发展战略奠定坚实基础。

我国核心素养的发展是在 20 世纪 90 年代基础教育教学改革和课程改革的宏观背景下形成的。在此之前，我国已提出九年义务教育试行方案，标志着我国教育从传统教学计划向课程计划的转变，开始摆脱单一的灌输式教学。这一改革逐步确立了学科课程与活动课程两个标准，既注重理论知识的讲解，也重视实践能力的培养，以提升学生的综合素养。

1999 年，国务院进一步延伸和确定了素质教育的内涵，并将其作为重点，明确了五年内教育发展的具体目标。2001 年，基础教育课程改革纲要开始在部分中小城市试点，这是我国第八次教改的根本目标。这次改革从课程性质、内容框架、教学评价等三个方面探讨了课程的理念。

2002 年，教育部在经过国务院同意后，颁布了关于积极推进中小学考试制度改革的试点通知等文件。这些文件明确了基础教育发展的基本概念，强调教育要从小学和初中阶段开始，特别注重培养学生的审美、运动、协作沟通能力、学习能力、基本素养、道德品质六个方面的能力。

2004 年，我国发布了关于初中毕业考试与普通高中招生办法改革的意见，首次提出了综合素质评价的理念，明确了核心素养的提升和综合素养的培养的重要性。尽管这些文件并未直接提及核心素养，但整个过程都是围绕核心素养的目标和体系进行的，为今后的核心素养研究奠定了基础。

在今后的教育改革中，我国将继续关注核心素养的培养，以期为人才培养和社会进步作出更大贡献。通过对核心素养的深入研究和实践，我国教育将更好地适应时代发展的需求，为全球教育改革提供有益的经验和借鉴。

2015 年 3 月，我国在关于落实立德树人根本任务的全面课程改革指导意见中，首次将核心素养作为推动教改的核心。这一举措凸显了核心素养在教育体系中的重要地位，并与核心素养培养目标相一致。同年，中国教育协会发布关于核心素养发展的意见征集稿，面向社会广泛收集与学生整体素养提升相关的能力和品格。

2016 年 2 月，征集到的意见稿涵盖实践创新、社会使命等方面。这标志着我国教育改革已从实验阶段进入深化阶段，将核心素养作为教育发展的关键要素。同时，这也体现了党的教育方针关于培养全面发展的人才的最终目标。

我国高度重视学生核心素养的培养，将其视为教育改革的核心环节。通过不断优化课程体系、教学方法和评价方式，旨在培养具备实践创新等能力的学生，使他们更好地适应社会发展和时代需求。在未来的教育实践中，我国将继续深化课程改革，强化核心素养的培养，为实现国家教育战略目标奠定坚实基础。

我国作为教育大国，正在努力向教育强国迈进。在知识经济快速发展的背景下，我国教育改革紧紧围绕人才培养这一核心展开。关注学生必备素养的培养，以确保他们健康成长，更快地融入社会，成为教育改革的重要任务。

在这个过程中，核心素养的探索显得尤为重要。社会应关注如何培养具备全面素质的人才，这既是教育的核心问题，也是教育改革的目标。为达成这一目标，我国教育部门正积极制定相关政策，强化师资培训，改革教育体系，以提升学生的实践创新能力、社会使命等核心素养。

在新时代背景下，我国教育改革将不断深入，以培养更多具备国际竞争力的优秀人才。此外，我国还将加强与国际的交流与合作，借鉴先进的教育理念和实践经验，进一步推动我国教育事业的繁荣发展。通过全面提升国民核心素养，为国家的繁荣昌盛和民族的伟大复兴奠定坚实基础。

二、核心素养的界定

当前，我国在大学生核心素养方面的研究成果尚不丰富，尚未构建一套完善、统一的认识和理论体系。因此，今后的研究重点将在于梳理国内外已有的关于核心素养的理论观念，进一步明确核心素养的内涵。

为了全面提高大学生的核心素养，我国教育部门和学者们需加强对国内外相关理论的研究和借鉴。通过对已有成果的整合与创新，为我国大学生核心素养培养提供有力的理论支撑。在此基础上，明确核心素养的内涵，包括思想政治素养、专业素养、社会责任感、创新精神、实践能力等方面，以便更好地指导教育实践，提升大学生的综合素质。

此外，在研究大学生核心素养的过程中，要关注个体差异和地域特点，使核心素养更具针对性和实用性。通过不断完善和丰富核心素养理论体系，为我国教育事业发展提供有力支持。在培养大学生核心素养的过程中，学校、家庭和社会各方共同努力，为年轻人创造良好的成长环境，助力他们成为具备国际竞争力的优秀人才。

近年来，我国教育界对学生核心素养发展给予了前所未有的关注。尽管在理论研究和实践经验方面与国外存在一定差距，但从全局角度看，党和国家教育政策和方针在很大程度上推动了核心素养研究的发展。

为了培养全面发展的人才，我国明确将立德树人作为教育的基本目标。这一方针不仅为学界研究核心素养提供了方向，还使得培养学生核心素养成为教育改革的关键环节。在此背景下，相关研究成果迅速上升，为我国教育改革和人才培养提供了有力支持。

培养学生核心素养，需要关注其德、智、体、美、劳全面的发展。在此基础上，教育部门和学界应继续深入研究核心素养的理论体系，探索更有效的教学方法和评价机制。同时，学校、家庭和社会各方应共同努力，为学生创造良好的成长环境，助力他们成为具备国际竞争力的优秀人才。通过全面提升国民核心素养，为我国教育和人才培养事业注入新的活力。

三、大学生核心素养的特征

在新时代背景下，各国积极推进教育改革，关注核心素养的探究。虽然不同国家在出发角度和侧重点上存在一定差异，但在核心素养的内涵方面，各国达成了共识。

这个共识以社会交往能力和思维创造能力为核心，强调培养学生这两方面能力。社会交往能力包括沟通、合作、人际关系等方面，使学生在互动中学会共处、共同解决问题。思维创造能力则关注创新、批判性思考、问题解决等方面，培养具备独立思考和创造性解决问题的能力。也就是说核心素养将社会交往能力与思维创造能力作为基本，并对以往传统技能进行延伸与超越，其特征表现为三个方面。

（一）核心素养属于一种较为高级的关键素养

在信息时代背景下，核心素养应运而生成了一种新能力。这种能力并非仅是过去应试教育的延伸，也不是对传统素质教育的重新定义。相反，它是在现有素质清单基础上进行选择，体现出时代特色和人性能力。

高级型的核心素养主要基于责任、人性和情感，具备专家思维。这种思维方式能帮助人们在面对复杂问题时作出明智的决策。同时，这种高级型核心素养还表现为具有开拓性的决策、选择和组织能力。在信息时代，这些能力已成为优秀人才的重要特质。

为了培养学生的核心素养，教育部门和学界应关注责任、人性和情感的教育，引导学生形成专家思维。在此基础上，培养他们具备开拓性的决策、选择和组织能力，以适应信息时代的发展需求。

此外，教育改革应关注学生全面发展，将核心素养的培养融入课程设置、教学方法、评价体系等方面。通过激发学生的学习兴趣，培养他们的自主学习能力、实践能力和终身学习能力，为国家和社会输送更多优秀人才。

（二）核心素养属于多维度概念，表现出综合性与整体性

在分析各国关于核心素养的研究成果后，我们可以发现，这一概念无法直接与某个单词相对应。每个用来描述核心素养的词语背后，实际上都需要采用新的角度进行逻辑构建和思考。

核心素养表现为实践技能、理论知识和情感价值的综合体系，这三者相互促进、相互融合。实践技能帮助人们在实际工作中胜任；理论知识为实践提供指导，丰富人的认知；情感价值则激发人的内在动力，促使他们为实现自我发展和人生价值而努力。

此外，核心素养还关注个人自身发展、自我实现、异质群体互动、社会共同发展等方面。在个人发展层面，核心素养助力个体不断提升自身能力，实现自我价值；在群体互动层面，核心素养强调沟通、合作与共事，促进人际关系和谐；在社会共同发展层面，核心素养关注国家和社会的繁荣昌盛，以及人类的和谐共生。

为了构建完整的核心素养体系，教育部门和学界应深入研究各个层面，将核心素养的培养贯穿于教育实践中。通过不断完善和优化课程设置、教学方法和评价体系，培养具备全面素质的人才，为国家和社会发展贡献力量。

（三）核心素养是社会与个体协同发展的主要产物

在培养核心素养的过程中，个体需要持续地进行学习，以确保自身能力的不断提升。同时，核心素养的培养充分体现了个人的实际发展需求，使个体在不断发展的过程中，更好地适应社会环境。

然而，个体的成长与发展无法脱离社会大环境的制约。核心素养的提升不仅需要个体自身的努力，还需要社会氛围和环境的有力支持。在这个过程中，个体与社会发展相互影响，共同推进核心素养的发展。此外，全球化背景下的核心素养培养，还需要关注时代发展的节奏与需求，使其更具针对性和实用性。

针对不同国家对核心素养体系的研究，各国构建的体系均具有前瞻性特点。这有助于预测未来社会发展的趋势，为人才培养提供有益指导。同时，这些研究还能够最大程度地促进社会良好发展，推动国家进步。

为了构建和完善核心素养体系，各国教育部门和学界应加强合作与交流，共享优质资源，创新教育理念；通过对核心素养的深入研究，为个体和社会的发展提供有力支持；在全球化背景下，培养具备国际竞争力的优秀人才，为国家和社会的繁荣作出贡献。

四、当代大学生素养现状

（一）大学生核心素养实际情况

随着经济全球化的推进，各国、各民族、各地区之间的联系越发紧密，文化相互交融。在这种环境下，西方自由主义思想对人们产生了深刻影响，个体的自我认同感不断增强。大学生更加关注情感需求、实际发展和职业规划，重视个人成长。

然而，在竞争激烈的经济社会发展背景下，当代大学生过于注重自身利益，导致合作意识和集体意识的缺失。在实践活动中，他们往往关注个人发展，而忽略与他人的互动交流。这种情况表现在学习过程中，即更关注个人掌握的专业知识和学业状况，而缺乏与同学和教师的互动交流。

此外，许多大学生在参加高校社团时，初期表现积极，但在后期实践活动中，当需要落实到个人沟通、合作交流时，他们往往会表现出抵触和懒散的情绪。这表明，大学生在追求个人发展的同时，也应重视培养合作意识和集体精神，以适应社会发展的需求。

在实际开展高校教育工作中，许多教育工作者往往重视大学生的专业知识和技术能力的培养，却忽略了培养学生的合作意识。由于许多当代大学生为独生子女，在家中被娇生惯养，个性鲜明，他们在集体生活中往往难以真正融入，更关注个人利益和需求。

在这种情况下，高校教育工作者难以有效掌握大学生的实际情况，如思想状况、情感态度、价值取向、行为规范等，导致无法及时了解大学生的动态。仅注重培养大学生的专业技能，虽然有助于学生在未来发展中更好地满足岗位需求，但在当今社会环境下，社会所需的人才不再只是具备专业知识与技能的个体。

为了满足社会对大学生的基本要求，高校教育者需要不断创新教育方式，及时掌握大学生的实际情况，并针对性地开展教育。通过有针对性的教育，帮助大学生培养综合素养，提升自身素质，使他们在思想观念、行为规范、价值取向、道德品质等方面全面发展，以满足社会对人才的需求。

为此，高校教育工作者应关注学生的全面发展，将素质教育与专业教育相结合，为大学生创造有利于成长的环境。通过改进教育方法、完善课程设置、优化评价体系等方式，培养具备合作意识、综合素质的人才，助力国家和社会发展。

（二）大学生核心素养培养必须加强的方面

1. 增强文化自信，提升大学生的文化认同

文化自信是"四个自信"的基础，源于对自身创造文化的践行与肯定。我国拥有 5 000 多年的悠久历史和博大精深的传统文化，为文化自信提供了坚实基础。大学生应积极传承和践行中华革命文化，如长征精神、井冈山精神等，展现高度自信和坚定信念。

社会主义先进文化是革命文化在社会主义建设过程中的产物，具有鲜明的时代特征。然而，当前大学生对传统文化的了解程度不高，缺乏文化自信。尽管 95%的高校已开设传统文化课程并组织讲座，但满意的学生仍占少数。

为了加强大学生文化自信，教育部门和高校应加大传统文化教育力度，让大学生更深入地了解、认同并践行传统文化。通过优化课程设置、举办丰富活动、加强师资培训等方式，让大学生充分感受传统文化的博大精深，领悟其中的精髓。

此外，高校应在思想教育中有效融入传统文化，将其内化为学生的精神力量。通过深入挖掘传统文化资源，创新教育方式，将文化自信与专业知识教育相结合，培养具有文化自信的社会主义建设者和接班

人。这将有助于增强大学生的文化认同和文化自信，为国家和民族的发展贡献力量。

2. 增强理性思维，看破迷雾，崇尚真知

理性思维是核心素养的重要组成部分，要求人们尊重事实、掌握科学方法和原理、崇尚真知。具备严谨的求知意识和实证意识，以及清晰的逻辑思维，有助于通过科学思维模式解决问题。

在马克思主义理论体系下，理性思维要求坚持历史唯物主义和辩证唯物主义的方法论和世界观。这种思维方式有助于全面认识世界、改造世界，从而明辨是非。

马克思主义的诞生源于马克思敢于质疑、不断探究的精神。马克思在与费尔巴哈、黑格尔等哲学家的论战中，结合实际，对他们的思想进行批判，进而形成了马克思主义。

对于当代大学生而言，他们正处于价值观、人生观、世界观形成的关键阶段。增强理性思维对于大学生具有重大意义。教育部门和高校应重视培养学生的理性思维，通过深化教育改革、优化课程设置、加强师资队伍建设等方式，引导学生树立正确的世界观、人生观和价值观，为他们的未来发展奠定坚实基础。这将有助于培养具有理性思维的社会主义建设者和接班人，为国家的发展贡献力量。

3. 坚定理想信念，树立正确的人生三观

随着我国改革的不断深化，市场水平持续提升，社会各方的利益关系逐渐呈现出多样化的发展态势。在这个过程中，各种不同层次的问题和矛盾也不断涌现。在这种环境下，大量的思潮热点事件应运而生，其涉及的范围相当广泛，涵盖了社会生活的各个方面。这些不同的思潮在相互碰撞的过程中，充分利用了互联网传播技术，对社会产生了深远的影响。然而，尤其是在这些思潮中，西方不良文化对当代大学生的精神追求、理想信念及自身价值观的塑造带来了严重的负面影响。因此，我们需要提高警惕，积极引导大学生树立正确的世界观、人生观和价值观，抵御西方不良文化的侵蚀。

现如今，一个主要问题便是以西方"普世价值"的内涵，对社会主义核心价值观进行解读，从而扭曲了我国传统文化、社会主义先进文化及革命历史。这种解读未能正确看待马克思主义在中国特色社会主义伟大事业中的理论创新成果。有人借此机会，以维护人权为旗号，否定中国特色社会主义道路和社会主义制度的合法性与合理性，甚至攻击社会主义理论。这种思维逻辑在国内得到了一部分"精英、专家"的追捧。在此背景下，大学生作为年轻一代，他们的价值观受到了极大的影响。由于大学生缺乏质疑精神、探索勇气和理性思维，加之受到不良文化的影响和物质诱惑，很容易随波逐流，导致价值观念的偏离。为此，需要高度重视大学生价值观的引导与培养，帮助他们树立正确的世界观、人生观和价值观，从而抵御外部不良文化的影响。

4. 提升终身学习能力，适应时代变革浪潮

要提升大学生的自主学习能力，关键在于让他们乐学、善学，养成不断反思的习惯，具备信息意识，尤其要培养终身学习的能力和意识。在马克思主义理论指导下，对大学生思想教育提出更高要求，必须让他们具备终身教育意识，使他们拥有终身学习能力，这将是他们核心素养的重要组成部分。

终身学习的本质在于培养个体自身的自学能力，而培养自学能力的关键在于激发学生的学习兴趣。然而，当代大学生普遍存在一定的厌学情绪，缺乏主动学习的动力，以及终身学习的意识。这主要是因为在传统应试教

育模式下，教育者往往采用灌输式的教学方式，使学生在各个阶段都处于被迫学习的状态。这种教育方式导致许多大学生对学习失去兴趣，抑制了他们的学习潜力，甚至产生了逆反心理。一旦大学生产生了逆反心理，他们的心理状态就很难改变。这就使得高校在开展终身学习教育时，往往难以真正落到实处。因此，我们需要改革教育方式，激发学生的学习兴趣，培养他们的终身学习能力，以提升他们的核心素养。

5. 关注大学生的身心健康

重视大学生的心理健康需求是十分重要的，因为健康的生活方式离不开身心健康。大学生正处在人生的青年阶段，精力旺盛、体力充沛，从身体机能上来说，他们似乎是健康的。然而，从心理健康的角度来看，大学生这一群体却存在一定的问题。

大学生正处于思想活跃的主要阶段，这个阶段的特点一方面表现为可塑性强，另一方面则表现为可变性大。这种特点使得他们在面对各种压力和挑战时，更容易产生逆反心理。此外，大学生还面临着诸如学习压力、情感问题、激烈的就业竞争等多重压力。这些压力因素的综合影响，使得一部分大学生的心理健康状况不容乐观。

因此，关注大学生的心理健康，提供心理辅导和支持，帮助他们应对压力和挑战，培养他们良好的心理素质，是教育工作者和社会的重要责任。只有当他们的心理健康得到关注和改善，大学生才能更好地发挥自身的潜能，实现全面发展。

6. 提升跨文化理解力，做到兼容并包

在我国高校的教育实践中，充分体现了对国情的重视，积极弘扬传统文化，坚定传承革命文化，并不断发展社会主义先进文化。然而，在这一过程中，高校却未能进一步深入了解国家、各民族及各地区的实际情况，忽视了大学生在实际学习中尊重世界文化及思想差异性的重要性。

因此，高校在教育大学生借鉴人类文明成果方面存在一定的不足，更多地表现为对西方国家的不辨是非，甚至盲目崇拜。尤其是西方好莱坞影片，它们积极宣扬美国作为世界救世主的价值观，这对大学生的价值观念产生了一定的消极影响。

在全球化背景下，文化交融成为大势所趋。因此，我们需要引导大学生在借鉴西方优秀文化、思想的同时，也要警惕其中不适合我国发展的内容。教育工作者应帮助大学生树立正确的价值观，让他们在充分了解国内外文化差异的基础上，取长补短，吸收借鉴有益的文化元素，从而促进自身全面发展。同时，加强大学生对社会主义核心价值观的教育，使他们成为具有文化自信的一代新人。

7. 积极投身到实践中去

为了培养具有全面素质的人才，加强实践创新教育至关重要。这种教育方式将社会主义核心价值观融入实际活动中，使其内化于心，并得以有效体现。近年来，我国高校在开展思想教育过程中，日益重视实践教学，社会普遍关注社会实践育人。

各大高校积极拓展实践育人途径，以企业商场、社区村居、开发园区等场所为依托，不断创新实践形式，丰富实践内容，取得了显著成果。然而，在这一过程中，也存在一定问题。比如，过于注重实践活动的多样性，却未能深入挖掘其实质。

受习惯思维和传统意识的影响，一些高校在开展思想教育时，过于注重第一课堂的形式，却忽略了第二课堂的重要性。这种做法在一定程度上造成了学用脱节，既无法充分发挥理论实践的作用，也会影响实践经验转化为理论知识的成效。更为严重的是，部分高校师生并未真正认识到实践的价值，导致创新和拓展育人的效果受限。

因此，我们需要引导学生充分认识到实践的重要性，发挥实践活动在人才培养中的作用。教育工作者要创新实践教学方法，关注第二课堂的发展，以实现理论知识与实践经验的紧密结合，助力大学生全面发展。在此基础上，积极拓展实践育人途径，提升师生的实践创新能力，培养具有文化自信的一代新人。

第二节 大学生核心素养培养的必要性

一、大学生人文素养欠缺，导致高校无法完成自身责任

当前，大学生人文素养水平较低，已成为教育面临危机的主要原因之一，亟待解决。我国正处于社会转型的关键阶段，随着精神文化生活日益丰富，现实矛盾不断增加。市场经济催生了功利主义、个人主义等社会思潮，严重影响了大学生正确价值观念的形成。

长期以来，我国高校在教育实践中更注重科技方面的培养，而忽视了人文素养所具有的战略作用和社会功能。这使得大学生在面对现实生活中的各种挑战时，缺乏足够的人文底蕴和精神支撑。

随着我国竞争日益激烈，人才综合素质的竞争实际上就是人才的竞

争。这种竞争不仅涵盖身心健康素质、人文素质等方面，还包括科技素质的比较。如果高校学生缺乏文人素养，那么整体素质将受到直接影响。

人文素养对大学生个人全方位发展造成一定阻碍。在培养大学生全面发展的过程中，缺乏人文素养会对他们产生不利影响，尤其是人文精神的缺失和理想信念的不坚定，这些都会对大学生的心理和性格形成产生严重影响，导致他们在价值选择过程中感到迷茫。

因此，在教育实践中，高校应重视人文素养的培养，通过丰富课程、加强师资队伍建设等方式，全面提升大学生的综合素质。这将有助于他们在激烈的竞争中立于不败之地，并为我国未来发展贡献智慧和力量。同时，培养大学生的人文素养也有助于塑造他们的人格魅力，增强精神力量，使他们能够在价值选择中更加坚定，为个人成长和社会发展奠定坚实基础。

二、大学生是我国社会发展的希望，必须坚持社会主义核心价值观

随着社会的不断进步和经济的快速发展，我国高等教育取得了显著成果。高校扩招，学生数量激增，接受高等教育已成为青年人实现人生目标的主要途径。在大学生中践行社会主义核心价值观，需要找到科学的切入点，将人文素养与素养体系有机融合。

要实现这一目标，首先要明确传统大学生教育的着力点，同时宣传教育工作的切入点。人文素养作为核心价值理念，不能通过强制手段来实现。关键步骤包括：以理论为基础、激发精神动力、进行道德熏陶、加强实践锻炼、完成价值固化。

将社会主义核心价值观融入大学生素养体系，使其成为实现人生目标和自我价值的内部需求。这样，大学生在追求个人发展的过程中，就能自然而然地践行社会主义核心价值观，为国家和社会的繁荣稳定作出贡献。在这个过程中，教育工作者要关注大学生的心理和情感需求，以人文关怀为出发点，引导他们成为有担当、有道德、有文化的社会主义建设者和接班人。

社会主义核心价值观是我国社会主流价值观和意识形态的体现。作为中华民族伟大复兴中国梦的主要力量，大学生必须积极认同并践行社会主义核心价值观，将其融入个人素养体系。

大学生要将社会主义核心价值观视为个人素养体系的价值取向，才能统领科技素养，为实现人生价值奠定基础。若大学生素养体系中缺乏社会主义核心价值观，会在学习和生活及社会工作过程中与社会文化主流价值观产生矛盾，难以发挥自身力量为社会发展作出贡献。

培养核心素养有助于大学生全面发展，为全面成长创造良好条件。核心素养的培养旨在强化学生整体素养，既为学生全面发展提供良好基础，又开辟了新道路。随着时代的发展和社会进步，高校人才培养面临更高要求。提升人才素养是永无止境的过程，其含义随社会发展变化而变化，不断融入新元素，具备时代性和前瞻性。

高校人才培养模式转型需充分了解社会需求，提炼与之相符的核心素养，并将其融入培养过程中，以明确人才培养方向。教育工作者应关注时代变迁，紧跟社会发展，不断创新教育方法，培养具有社会主义核心价值观的全面发展的人才，为国家和民族的美好未来贡献力量。

三、核心素养是大学生立德树人的前提

在遴选核心素养的过程中，国内外都关注学生综合发展、终身学习所需的全部知识与能力，以及态度和品行方面。通过观察国际上多个核心素养框架，我们可以发现创新创业素养、批判性思维、问题解决能力等是所有框架的重点，这些重点是大学生满足社会需求、推动终身学习、实现自我价值的根本保证。

核心素养以人为本，凸显教育在促进自我提升和身心全面发展方面的功能。它重视学生生活质量，关注教育培养学生的社会实践活动，以实现人生自我价值。高校教育培养旨在培养具有良好生活情趣和较高道德品质的人才，而非仅为社会付出劳动、成为工作的机器。

大学生核心素养体系应关注个人职业和生活发展规划、人文意识和环境等方面，这些内容对大学生生活品质的高低具有决定性作用。核心素养培养将全面发展教育整体要求细化，为提升培养质量提供新策略。

核心素养不仅是全面发展教育方针整体要求的进一步细化，而且是我国实现教育目标、明确人才质量水平的关键。高校必须重视并加强大学生核心素养的培育，让学生得到全面发展，为国家和民族的繁荣昌盛贡献力量。教育工作者应关注学生的生活质量和全面发展，不断创新教育方法，培养具有良好核心素养的大学生，以满足社会发展和个人成长的需求。

第三节　大学生核心素养指标体系的遴选原则

遴选和制定我国大学生核心素养指标体系是教育研究人员面临的必要任务。在遴选过程中，需关注大学生核心素养的内涵，参考我国核心素养大框架及取得良好效果的指标，从而制定出符合大学生个人发展的指标体系。

值得注意的是，国际组织和其他国家设计的指标体系都是针对学生发展的实际需求和特点，因此，在建立我国核心素养指标时，不能完全照搬国外研究成果，而应构建符合我国大学生发展特点的核心素养建设框架。

学生发展核心素养的主框架包含丰富资源，主要内容可划分为文化基础、自主发展和社会参与三大方面。整体上，它反映了人文底蕴、科学精神、学习技巧、健康生活、社会责任和实践创新六个因素。这些指标体系有助于全面提升大学生的综合素质，为他们的个人发展和国家社会繁荣作出贡献。

教育研究人员和高校应以学生发展核心素养为主框架，结合我国大学生实际情况和需求，不断完善和调整核心素养指标体系。这将有助于培养具有全面素质的一代新人，使他们能够在日益激烈的社会竞争中立于不败之地。

一、时代性原则

在确定和选择大学生核心素养指标时，必须遵循时代性原则。核心素养应反映 21 世纪所需的素养教育问题。首先，要与时俱进，紧跟时代发展步伐。由于信息时代的到来，传统经济、职业和生活方式发生了彻底变革，人才培养方面也提出了更高要求。

建立大学生核心素养指标体系时，应站在 21 世纪信息快速发展和全球化的角度，明确新时代所需的人才类型。同时，要针对时代要求，充分考虑传统素养和现代素养的重点，选择有利于大学生满足时代需求的指标。

核心素养指标体系在遵循时代性原则的前提下还应具备前瞻性。在满足时代发展需求的同时，还要预测未来发展趋势，以便为培养学生关键能力提供保障。通过增强大学生的自信心，帮助他们应对未来挑战，确保与社会发展保持同步，避免脱节。

教育工作者和高校应根据时代性原则，不断完善和调整大学生核心素养指标体系，以培养具备全面素质的现代化人才。这样的人才将更好地适应 21 世纪信息化时代的发展需求，为国家和社会的繁荣作出贡献。

二、完整性原则

在构建大学生核心素养指标体系时，必须遵循完整性原则。这需要在我国学生核心素养主框架的基础上，对各个层次进行具体构建和细化，形成一个多个层次素养组成的完整体系。

首先，大学生核心素养指标应涵盖各个层次的需求。大部分国际组织和国家核心素养均反映了每个层次对公民或学生素养的需求。例如，经济合作与发展组织的核心素养框架，从个人生活需求和社会愿景出发，包含了个人和自我、工具、社会等多个层次的素养标准。在建立大学生核心素养指标体系时，应将这些层次融入其中。

其次，大学生核心素养指标应实现跨学科整合。针对高等教育，大学生核心素养不应在学科上拆分，而应重视学科的完整性和融合性。这样既能满足学生全面发展需求，又能培养他们在各个学科领域的专业素养。

最后，将各个层次的素养指标有效结合，确保它们之间存在密切联系，相互作用。这样，大学生核心素养指标体系才能形成一个整体，具备完整性。教育工作者和高校应关注素养指标的跨学科整合和完整性，不断创新教育方法，以培养具备全面素质的现代化人才。这样的人才将更好地适应社会发展的需求，为国家繁荣作出贡献。

三、可操作性原则

在构建大学生核心素养指标体系时，必须坚持可操作性原则。这意味着要充分考虑实际操作层面，以确保核心素养不仅停留在教育表面，而是能够真正融入教育实践。素养是通过后天努力和生活环境影响所形成的特点，与先天素养不同。修养是指学生本身，而教养则是教育工作者。

在构建大学生核心素养指标体系时，应重点关注教育工作具体实施的操作性。这需要针对大学生的特点、心理发展和成熟情况，制定合适的核心素养指标。这些指标不仅要高于基础教育的相关内容，还要考虑大学生未来发展的需求和学习动力。

此外，大学生核心素养指标体系还需具备可教性。这意味着它不仅要作为教育人员开展教育工作的方向和标杆，还要让教师真正地参与到学习过程中，为教育者提供实际操作的依据。这样，核心素养指标体系才能在实际教育工作中发挥出应有的作用，助力大学生全面发展。

四、导向性原则

在构建大学生核心素养指标体系时，应坚持正确的导向性原则，以确保新时期教育目标的顺利实现和价值发挥。

首先，要重视方向性导向，始终坚持社会主义思想观念和马克思主义的目标引导。在选择大学生核心素养目标时，要避免完全照搬发达国家的成功经验，以免与马克思主义理论相悖。

其次，要重视目标导向。核心素养概念的提出是为了回答教育培养怎样的人的问题，其最终目标就是培养人才。在立德树人基础上，实现德智体美劳全面发展。大学生核心素养在大学生教育方面占据重要地位，其指标体系建设更要注重德行培养，将全面发展作为最终目标，努力提升学生核心素养水平。

最后，要重视作用导向。欧盟国家将核心素养的框架定位为追求终身学习，而美国则是以21世纪职场需求为导向。在充分考虑大学生作为社会主义接班人和实现中国梦的主力军的前提下，我国在建设核心素养指标体系时，需兼顾个人和社会发展，确保与国家发展目标保持一致，从而确保核心素养的有效性。

第四节　我国大学生核心素养体系的基本内容

一、核心素养体系

经过持续研究与调查，《中国学生发展核心素养》于 2016 年 9 月正式公布。学生发展核心素养主要是指学生为适应时代发展和自我发展所需的关键能力与品格。核心素养包括态度、情感、价值、技能、知识等方面，是学生在社会和自我发展过程中必须具备的素养。

学生发展核心素养是一个长期过程，在家庭和学校环境中不断自我完善。我国以"全面发展的人"为基础，帮助学生树立核心素养，主要分为三个层面：文化基础、自主发展、社会参与；六大素养：人文底蕴、科学精神、学会学习、健康生活、责任担当和实践创新，并详细划分为 18 个基本点。

这三方面构建了核心素养的总体框架，充分体现了马克思列宁主义有关社会性的基本观念。同时，核心素养与我国传统的治学理念相结合，全面促进学生发展。在调查中，人们对六大素养的关注度较高，这些素养不仅包括学生为顺应社会发展与自身发展所需的品格与能力，还体现了最关键、最必要的核心要素。

六大素养之间相互补充、相互促进，充分发挥核心素养的优势。为满足实践需求，对六大素养进行进一步细化，划分为十八个基本要点。最后，结合总体框架和每个年龄段学生的个性特点，对表现要求进行详细规划。

这样，有助于培养具备全面素质的现代化人才，满足国家和社会发展的需求。

中国学生发展核心素养是一个具有明确方向、理念引领、价值导向和实际落实的框架。我国在推进立德树人的过程中，正面临着发展核心素养的关键时期。在这个背景下，我们根据国家实际情况，对育人模式进行了深入探讨。对学生进行核心素养的培养，既要充分挖掘我国传统文化资源，又要紧跟时代步伐，满足社会发展的需求。在展现我国文化独特魅力的同时，我们还需放眼世界，将两者有机结合，共同努力。中国学生发展核心素养的这一框架，不仅描绘了我国学生在教育领域的发展期望和目标，同时也是我国高等教育一直追求的理想境界。

二、我国大学生教育的核心素养体系

在当前高速发展的信息时代，我国急需培养更多优秀的人才以适应不断变化的发展形势。在这个知识爆炸的时代，知识力量成为推动经济发展的关键。要培养全面发展的人才，首先要关注 T 型和十字型知识结构的培养。这两种知识结构不仅包含深厚的理论知识，还强调横向拓展和跨学科能力，有助于形成多元化的知识体系，使人才具备更强的综合素质。因此，我国教育体系应着重培养具备这两种知识结构的人才，以助力国家发展。

（一）专业素养

这种类型的专业人才与传统经济时代的人才相比，具有明显的差异。他们的核心竞争力在于全面掌握各专业领域的理论知识，并具备不断探索研究自身专业领域的能力。在面对具体问题时，能够灵活运用所学知识解决生活和学习过程中的难题。这部分专业知识在大学生整体知识结构中具有举足轻重的地位，就如同房屋建设中的地基，只有不断改进和优化，才能顺利建造出理想的房屋。

1. 专业学科知识结构

专业学科知识结构的情况可以反映大学生对理论知识的掌握程度，对其未来的发展和职业生涯具有关键性的影响。地基是房屋建设的必备要素，没有这些原材料，就无法搭建起稳固的房屋。同样，合理的知识结构是培养大学生核心素养不可或缺的组成部分。只有通过不断学习和实践，构建起扎实的专业理论基础，才能为未来的发展奠定坚实基础。

高校专业课程在培养实践型人才方面具有核心地位。不同专业对学生掌握的基础知识要求各异。基础知识涵盖基础理论概念、技能、应用方法等，同时还包括其他学科的基础知识。基础知识的作用可分为三个方面：一是让学生充分理解知识概念和定义，掌握简单运用规律；二是及时更新知识，深入研究，提升专业能力；三是培养学生健康的思维模式，以便于不断完善知识体系。

大学课程繁多复杂，课时有限，学生需在建立基础知识框架的基础上，学会筛选重要知识点，以提高解决问题的能力。如果学生基础知识掌握不牢，新知识接受困难，将影响整体能力。因此，培养学生牢固的知识基础和持久学习能力至关重要，只有打好基础，才能在未来的工作和生活中展现出自己的才能和优势。

2. 科学精神

培养学生科学精神旨在培养全面发展的人才。通过提升科学精神，学生能够树立准确的价值观念，并将知识文化内化为自身素养。科学精神体现了对生活与事物的深刻认知，追求人生行为规律、价值标准和个人理想。具备科学精神的学生能在专业领域最大限度地发挥自身能力，积极改变世界。

随着社会的不断进步，对科学精神的需求越发迫切。丰富而专业的知识能为个人和社会创造更多价值。人类思想始终追求精神和物质的结合，大学生要想在今后的社会中立足，实现自我价值，就必须具备科学精神。科学精神不仅有助于个人提升自我，还能为社会进步发挥重要作用。因此，教育过程中应注重培养学生的科学精神，助力他们成为全面发展的人才。

（二）职业生涯规划

人生规划至关重要，有助于实现完美人生。美国自 20 世纪 60 年代起就开始关注职业生涯研究，而我国直到 20 世纪 90 年代中期才逐渐展开相关研究。尽管研究时间相对较短，但仍需不断完善。

高校应对大学生进行系统设计和教育引导，使他们明确学习目的，认识到学习的重要性。因此，高校需不断加强大学生学习规划思维，合理设计学业规划，并认真开展相关活动，以激发学生的学习热情和主动性。这样一来，大学生的整体素养和学习能力都将得到不同程度的提升。

在实践方面，积极转变教育模式，从灌输式教育转变为主动学习，有助于大学生健康成长。通过提高他们的自主学习能力，使他们在学术和职业生涯中取得更好的成绩。因此，重视并加强大学生学习规划与实践教育，有助于培养出更多具备高素质的人才。

（三）人文底蕴

1. 传统文化知识

优秀传统文化经过数千年的沉淀，成为我国文化的宝贵财富。这一财富不仅代表着历史，同时也体现在现实中。高等教育深受传统文化的影响，我们应珍惜这份遗产，传承并发扬光大。

教育部颁布的《完善中华优秀传统文化教育指导纲要》强调，要培养学生良好的自主学习精神、研究创新能力，以保证传统文化在传承优化的过程中增强学生的文化责任感。作为中国梦的主要实现群体，大学生应积极传播优秀文化，彰显中华文化的强大生命力。

在我国传统教育中，思想道德教育是最核心的内容。从夏商西周时期到清代，传统教育的重点始终是道德教育。现代教育观和大学生发展观表明，传统道德教育内容仍具有重要的现实价值和意义。因此，在培养大学生核心素养的过程中，应融入传统思想道德教育的内容和要求，助力学生全面发展。

2. 审美意识

在一定程度上，审美意识能够揭示学生的心理结构，它是一种非主观存在的意识，能够在人的大脑中迅速作出反应。在大学生阶段，我们初步形成个体意识，且发展过程相对稳定，这也是提高个人审美能力的关键时期。

审美情趣表现为参与审美活动过程中的心理感受，可称之为审美心理偏向。在不同时代背景环境下，人们产生的审美偏向存在一定差异，因此，审美心理偏向具有时代性特征。学生的审美情绪不仅反映了自身审美意识的发展状况，还可以通过审美情趣体会到学生的生活态度和内心深处的价值观。

培养大学生的审美意识有助于提升他们的综合素养，使他们在校园和社会中保持正确的态度，进而实现自我价值。通过培养审美意识，学生将更好地理解美的内涵，丰富内心世界，从而在日常生活中更好地发现美、欣赏美、创造美。

3. 健全的人格

为了形成健全的人格，大学生必须具备现代文明习惯。这意味着他们在内心深处接受并遵循现代文明规范，这是大学生文明素养和综合素养的体现。

高校的使命是为社会培养高素质全能型人才，这要求大学生具备良好的品德和规范行为。在市场竞争日趋激烈的今天，品德素养水平直接决定学生的未来命运。因此，高校必须在加强学生专业能力培养的基础上，将优化文明习惯作为核心任务，为学生营造一个良好的校园文化环境。

在这个环境中，大学生将逐渐养成良好的文明习惯，不断改正自身缺点，提升综合素养。通过这样的培养，他们将成为积极向上、品行端正的优秀人才，为社会作出贡献。因此，高校务必重视学生现代文明习惯的培养，助力他们实现自身价值。

4. 国际视野

随着全球化经济的持续发展，我国企业纷纷走出国门，投资海外。这一现象使得社会对全能型人才的需求越发迫切。为应对这一挑战，我们有必要全面培养大学生的国际视野，让他们在日常生活和工作中充分发挥所学知识。

国际视野意味着站在全球角度审视国际社会和世界历史，客观评价我国在国际舞台上的地位，并具备全球化背景下的素质、知识和能力。我国曾提出改革开放的战略方针，这一目标的实现需要坚定的民族精神、国家观念，以及国际化意识和视野。

现代大学生是国家发展的希望，民族振兴的基础。在全球化的大背景下，我们应拓宽学生的国际视野，加大教育力度，全面提高其国际意识。这既是大学生的历史责任，也是时代发展的要求。为适应这一趋势，我国应主动培养专业人才和国际全能人才，最大限度地发挥大学生的作用。

培养大学生国际视野有助于他们更好地应对未来工作和学习中的挑战，形成正确的人生观、价值观和世界观。在全球化背景下，大学生应具备国际视野，真正地去感受世界，发挥自己的作用。因此，大学生核心素养培养的过程中，国际视野至关重要。

（四）各项技能素养

1. 积极探索的热情

大学生在学习过程中应具备积极探索的热情，做好预习，上课时认真听讲，积极互动，利用课余时间巩固拓展知识。新课标需转变重视知识讲解的观念，激发学生学习热情。教师要收集丰富教学资源，增添新奇元素，促进学生主动参与学习。

主动研究探索学习的关键在于培养学生的正确价值观，让他们在学习中充分发挥主动意识。通过丰富教学资源和激发学生学习热情，教师助力学生提升主动探索能力，从而培养全面发展创新型人才。在高校教育中，教师应关注学生主动意识的培养，使其在未来学习和工作中具备较强的解决问题和创新能力。

2. 掌握一定的学习方法

当前正处于知识经济时代，学生学习方式、观念、内容等方面发生了巨大变化。因此，建立一套科学有效的学习方法至关重要。大学生需转变传统学习方式，提高教学效果，以实现教学目标。

学习方法是所有提升学习效率的学习流程和活动。对于大学生而言，如何成功从高中转轨至大学，满足高等教育专业化和职业化要求，是入学后亟待解决的问题。优化大学生学习模式需遵循四个原则。

第一，整体性原则。在优化学习方法过程中，要有筛选和整合的环节，始终坚持整体性原则，理性分析，不断改正自身缺点，并总结成功经验，取其精华，借鉴发达国家经验。

第二，迁移性原则。学习内容方面，从公共课向专业课转变，从理论课程向实践课程转变；学习时间方面，低年级统一安排，高年级给予学生更多自由时间；学习心理方面，从入学时的不适应和不感兴趣逐渐转变为积极主动探索。

第三，个性化原则。在改变学习方法时，要充分考虑学生个性特点，有针对性地进行。虽然学习目标和内容差异不大，但个体学习目标和心理存在较大差异。

第四，前瞻性原则。随着信息技术飞速发展，大学生需在校外学习基础上，掌握学习方法。知识经济时代要求终身学习观念，大学生要站在大局角度，关注学习方法和变化特点。

遵循这四个原则，大学生可逐步形成适应新时代的学习模式，提升自身综合素养，为未来发展奠定坚实基础。

3. 确立终身学习的观念

在 21 世纪，终身学习成为教育实践的核心。终身学习是从出生到离世的过程，与生活、专业发展和工作技能紧密相连。保持终身学习的人患阿尔茨海默病和老年痴呆症的概率较低。学习并不仅限于传授和培训，而是涵盖多个领域的教育。

高校应树立正确的教学观念，将培养大学生终身学习能力作为核心教育理念。这将确保大学生始终保持积极学习的意识，不断提升自身发展能力。大学生时期是培养学生终身学习能力的关键时期，他们需以马克思主义理论为思想引导，树立正确的价值观、人生观和世界观，适应时代发展。在发展智力的同时，增强体魄，确保充足精力，为未来发展奠定良好基础，为终身学习目标的实现提供身体保障。

4. 确保健康的身体

健康是人类生存的核心要素，对个体发展、社会进步、文化传承及生活方式转变具有直接影响。马克思认为，个体需求是行为的基础，人既要满足物质需求，也要追求精神层面的满足。维持健康生活需进行适量运动，这是维多利亚健康四大基石之一。

当代大学生处于成长的重要时期，身体健康是学习的基础。只有拥有强健的体魄，才能勇敢面对生活中的各种挑战。一旦身体出现问题，将直接影响学生的学习和生活，甚至对未来工作产生影响。因此，高校要让大学生树立健康意识，形成良好的生活习惯，以充沛的精力和体力应对繁重学业。

此外，大学生还需重视心理健康，构建完善的心理机制，以提高抗压能力。在面对挑战时，大学生应保持积极态度，迎接未来可能遇到的困难。通过关注身心健康，大学生才能更好地投入到学习、生活和工作中，为社会发展作出贡献。

心理健康是指个体在心理层面保持一种持续的稳定状态，具有较强的适应力、生命活力，能够最大限度地发挥身心潜能。心理健康体现在世界观、调节心理活动关系、满足社会环境需求、实现内外环境平衡、提高生活质量、健全人格、保持愉快心情等方面。

大学生处于青年中期，具有独特的心理特点。在社会竞争日益激烈、各种信息冲击的背景下，大学生心理疾病发病率上升，主要表现在人际关系、神经症、恋爱问题等方面。作为掌握先进知识和高尖端技术的群体，大学生是未来的生产力，具有活跃的思维和充沛的精力，是我国社会主义事业的接班人和中国梦的实现者。

大学生心理健康教育旨在解决心理问题、解除心理障碍，同时助力建设和谐社会、实现小康社会和提高党的执行力。从战略角度来看，大学生心理健康教育对国家发展进步具有决定性影响。因此，重视并加强大学生心理健康教育至关重要，这将为培养具有健康心理素质的大学生，促进国家繁荣发展奠定坚实基础。

人的情绪对健康、工作效率和人际关系有直接影响。愉悦的情绪有助于保持身心健康，提高学习效率。心理健康的大学生通常能保持积极乐观的情绪，对生活和未来充满希望。虽然他们也会有悲伤、愤怒等悲观情绪，但能够主动调控，适度宣泄，及时调整心态。

情绪稳定是人们认为情绪稳定的基本特征，反映了一个人的气质和心情健康程度。人的情绪可分为稳定型和不稳定型，稳定型能有效控制自己的情绪，使其保持在正常范围内，表现为情绪稳定、喜怒哀乐有度；而不稳定型情绪波动较大，喜怒无常，有时难以理解。

大学生处于青春萌芽阶段，感情丰富，情绪容易波动。这种情绪波动可能会对他们日常生活和身心健康产生影响。因此，培养稳定的情绪对于大学生来说至关重要。通过调整心态、控制情绪，大学生将能够更好地适应生活，提高学习和工作效率，建立良好的人际关系，为未来的发展奠定基础。

5. 勇于承担社会责任

国家认同是指个体对国家主权、道德价值、政治、历史文化等方面的认同，反映出一个人对国家的属性和地位的心理认知。国家认同能够增强民族凝聚力，在国家生存与发展过程中具有重要作用。

大学生作为国家最宝贵的人才资源，其国家认同对国家发展方向具有重要影响。国家认同实际上是大学生成长的政治方向和群体认同，能够为他们提供不竭的精神动力。

社会责任感源于西塞罗的观点，他认为高度关注和责任感是高尚品质的基础。在社会中，每个人所承担的责任不同，其中最关键的是对社会的责任。社会责任感是合格的公民所必备的素质。在新的时代，强化大学生的责任意识是关键，这将有助于他们体会时代和民族的精神，为国家和民族的发展贡献力量。

大学生肩负着传承民族和时代精神的社会责任。在新时期，为实现人生自我价值，他们需要不断提升自己的能力、诚信品质、思维品质等方面。具备较强的社会责任感，大学生才能保持诚信，言行一致，赢得他人信任。

培养大学生的责任意识是高校大学生教育改革的前提条件，有利于他们在实现个人价值的过程中，为社会作出贡献。

6. 培养解决问题的能力

在我国当前教育体系中，重视培养大学生解决问题的能力成为重中之重。这不仅体现在理论层面，如思想观念的培养，同时也表现在实践操作层面。要培养大学生解决问题的能力，必须加强其实践能力和创新精神的培育。这是大学生成长发展的核心内容，也是全面提升他们素养和拓展能力的关键所在。

研究表明，提升大学生问题解决和压力管理能力有助于缓解学生压力，避免焦虑情绪。在现代社会经济发展迅速的背景下，对大学生的要求越来越高。他们需要融入中国梦，充分发挥自身角色作用，挖掘自我研究解决问题的潜力，以适应时代发展需求。

加速我国现代化发展进程，实现人生自我价值，大学生解决问题能力的提升至关重要。培养大学生解决问题的能力，有助于他们更好地应对各种挑战，把握机遇，为实现国家发展和个人价值奠定坚实基础。

7. 拥有一定的法律和规则意识

法律和规则意识是现代大学生必备的素质，体现了他们在法律、道德、信仰等方面的认知。法律意识是一种心理感受，包括大学生对法律的个人观点、评价、信仰等多个层面。规则意识则指大学生对规则的认识，以及希望并主动遵守规则的态度。

大学生要成为合格公民，必须具备法律和规则意识，才能发展成为全能型人才。为实现中国梦，需要充分发挥大学生的中坚力量，全面提升他们的法制文化思维，从而加强法律和规则意识的培养。

在当前持续推进社会主义法制文化和弘扬法治精神的背景下，高校和社会应针对大学生的实际情况，培养他们的规则和法律意识。这将有助于大学生形成良好的法律、规则意识，具备较高的思想道德品质，为未来成为有用之才打下坚实基础。加强大学生法律和规则意识教育，对于实现国家发展目标具有重要意义。

8. 实践能力

在"十二五"期间，我国就启动了国家级大学生创新创业训练方案，表现出对大学生创新创业的高度重视。创新创业涵盖创新和创业两个方面，创新是创业的基础，创业则是创新精神的拓展。创新创业精神在大学生成长、成才过程中具有重要作用，通过自主创业，可以有效缓解大学生毕业人数不断增加和有效就业岗位减少带来的就业压力。

让大学生具备敢为人先、勇于创新的精神，有利于形成良好的创新创业氛围。当代大学生拥有灵活的思维模式、坚实的知识结构，并在不断地提升自我创造性和自主性。然而，创新创业道路漫长且艰难，大学生需自立自强，坚持不懈地努力，才能在创新创业领域取得最后的胜利。

创新创业能力的培养，有助于激发大学生的潜能，使他们能在不断发展的过程中，为国家和社会作出更大贡献。创新创业教育不仅能让大学生更好地适应时代发展需求，还能为他们提供更多的发展机会，为实现国家创新发展战略奠定基础。在创新创业的道路上，大学生应勇敢担当，勇攀高峰，为国家的繁荣发展贡献自己的力量。

9. 团队协作

团队协作是大学生必须掌握的关键技能，其重要性甚至超过计算机技能。随着知识经济的快速发展，社会对多样化需求日益增长，团队合作在招聘过程中成为企业家关注的重点。

团队合作是当代大学生不可或缺的能力，关乎他们快速融入社会。为了培养大学生的团队合作能力，有必要关注服务精神、协作意识等多个层面，让他们具备大局意识。这样，大学生在毕业后才能迅速适应社会，在工作中相互协作，有效解决问题，充分发挥协调功能，增强团队创新和适应能力，为社会创造奇迹。

全面培养大学生的团队合作能力，有助于提升他们的综合素质，满足时代发展的需求。具备团队精神的大学生更能积极参与社会事务，共同应对挑战，为国家的繁荣发展作出贡献。在现代社会，团队合作不仅是大学生快速融入社会的关键，也是他们实现个人价值和成就的重要途径。

10. 积极的社会参与

大学生社会参与是指他们理解和掌握国家政治、社会文化态度，并具体参与行动，这包括政治、经济、自我、文化等四个方面的参与。通过社会参与，大学生能够丰富自己的生活圈，加快自身理论知识的吸收，从根本上提升整体素质。

大学生需明确个人与社会的关系，树立正确的人生观。这要求他们采用辩证思维看待历史唯物主义，认识到个人与社会是一个整体，但在实际矛盾中，社会起决定性作用，人则是社会的产物。简单来说，脱离社会，人无法独立存在。

为实现人生价值，大学生需积极参与社会文明发展，以团体主义为核心原则，在默默奉献中实现自我价值。他们需要主动提升技能水平、参与意识，审时度势，科学把握各种机会，深入社会，了解社会，掌握我国国情，不断提升自身能力，培养坚毅品质，增强奉献精神。

全面的社会参与有助于大学生更好地认识社会，培养他们的社会责任感和使命感。在为国家和社会发展贡献力量的过程中，大学生不仅可以提升自身综合素质，还可以为社会进步带来更多创新和活力。

第五章　实现突破：大学生创新教育

第一节　创新与创新能力

一、知识经济时代的发展趋势

知识经济时代，全球经济加速一体化，创新不再受国界束缚，成为具有跨国性、普遍性和通用性的学科。在这个时代，人类创新变革呈现出十大趋势，这些趋势共同推动着全球知识经济的发展与进步。

（1）在知识经济时代，创新成为营销管理不断进步的体现，同时也是推动管理发展的关键动力。创新精神贯穿于管理发展的整个过程，为管理提供了源源不断的活力，使得管理更具效率和竞争力。这一现象凸显了创新在知识经济时代管理中的重要地位。

（2）知识经济时代的主要特征有五个方面：第一，知识成为主导资本，影响着经济发展的方向；第二，信息成为关键资源，为各类活动提供支持；第三，知识的生产和再生产成为经济活动的核心，推动社会进步；第四，信息技术作为知识经济的载体和基础，承载着丰富的知识和信息；第五，经济增长方式呈现出资产投入无形化、资源环境良性化、经济决策知识化的趋势。在这个时代，知识成为主要资源，管理领域也迎来了知识化的变革。这使得知识经济时代的管理更具针对性和高效性。

（3）知识经济是一种新型经济形态，与传统的农业经济和工业经济相对应。它以知识和信息的生产、分配、交换和使用为基础，使知识成为推动经济发展的关键动力。在这个时代，学习成为接受新事物、发展新管理及提升软产品功能的重要途径。知识经济时代的管理核心在于增加管理的知识成分，不断发展和完善知识管理创新系统，从而提高管理的效能和竞争力。这一管理模式有助于实现知识经济时代的各项发展目标。

（4）在知识经济时代，快速应变力已成为管理的重要特质。具备快速反应和应变能力的管理，能够迅速应对外部环境的变化，抓住机遇，规避风险。这种管理效率不仅有助于提高企业的竞争力，还能够为组织赢得主动权。因此，在知识经济时代，管理者需要不断提升自己的应变能力，以适应不断变化的市场环境和竞争态势。通过灵活运用知识和技能，实现管理的快速反应和高效运作，从而为组织的长期发展奠定坚实基础。

（5）在知识经济时代，管理体制经历了重大变革，从传统的正金字塔结构转变为倒金字塔结构，使公司管理实现了质的飞跃。知识经济不仅催生了新时代的到来，加速了全球经济一体化进程，使知识产业逐渐取代传统工业产业，成为主导力量。同时，知识经济也导致了全球新的国际分工。在这一背景下，发达国家因其丰富的知识资源，有望成为掌控全局的"头脑国家"，而那些知识经济发展滞后的国家则可能沦为仅为他人服务的

"躯干国家"。在地缘经济视角下，管理者需顺应这一经济模式带来的国际发展趋势，把握机遇，积极参与全球竞争与合作，以实现国家利益和发展目标。

（6）在知识经济时代，弹性系统作为一种跨功能、跨企业的团队协作模式应运而生。这种模式突破了传统组织界限，实现资源整合，优势互补，促进创新。通过实施变通战略，管理成为一种独特的知识财富，助力企业适应不断变化的市场环境，实现可持续发展。在此背景下，管理者需重视团队建设，培养高效协作能力，将管理知识与实际业务相结合，为企业创造更大价值。

（7）在知识经济时代，全球战略已成为公司营销决战的核心竞争力。这一时代，全球化浪潮以惊人的速度和力度渗透到人类社会的各个领域，无论是深度还是广度，都将达到极致。管理协作已成为全球化面临的问题，管理体系逐渐向全球体系发展，演变成一个全球大系统。

经济全球化是当今世界经济发展的最重要趋势，现代化大生产客观规律要求实现全球化分工。在这一背景下，各国公司和产品纷纷走向国际市场，寻求发展机遇。许多产品已成为全球产品，许多支柱产业也已成为国际支柱产业，而非某一国的特有产品或产业。

实力雄厚的跨国公司已将全球市场纳入营销范围，以全球营销观念指导公司营销活动。例如，可口可乐公司在世界数十个国家设有生产点，并在 100 多个国家拥有市场，成为一个总部设在美国的全球公司；空中客车公司已发展成为欧洲公司，并将营销触角伸向各国市场。这些公司都将目光投向世界地图，开展全球营销活动。为在激烈的国际竞争中脱颖而出，企业需重视全球战略的制定与实施，以适应知识经济时代的发展趋势。

（8）在知识经济时代，跨文化管理作为一种管理文化的升华，呈现出全球性的影响力。管理不再是局限于特定地域和国家的现象，而是成为一种全球范围内的新型文化现象。随着管理科学的发展，其传播范围也逐渐超越地域和国界的限制，形成了一种具有广泛影响力的全球管理文化。

在这个背景下，管理者需具备跨文化沟通能力，了解并尊重不同国家和地区的文化差异。通过整合各地文化优势，形成独特的管理风格，以应对全球化背景下的各种挑战。此外，跨文化管理也意味着在全球范围内分享管理经验和知识，促进各国之间的合作与交流。

总之，知识经济时代下的跨文化管理代表着管理文化的升华，管理者需重视跨文化能力的培养，以适应全球化背景下的管理需求。通过跨越地域和国界的界限，共享管理资源，创新管理模式，为企业的全球化发展奠定坚实基础。

（9）在知识经济时代，公司追求实现"忠诚目标"，即满足顾客、员工、投资者和社会的需求与期望。这一目标体现了公司对市场和用户的重视，将用户需求作为企业发展的核心导向。为了实现这一目标，公司需关注以下四个方面。

第一，顾客满意。以高品质的产品和服务满足顾客需求，提升顾客体验，从而增强客户忠诚度。

第二，员工满意。关注员工福利和职业发展，营造积极向上的工作氛围，激发员工潜能，提高工作效率。

第三，投资者满意。为公司股东创造稳定、长期的收益，确保投资者的利益得到保障。

第四，社会满意。承担企业社会责任，关注环境保护、公益事业等方面，提升企业形象，获得社会认同。

知识经济时代的管理注重市场和用户需求，要求企业紧密跟踪市场动态，深入了解用户需求，不断创新和优化产品与服务。通过实现"忠诚目标"，企业能够树立良好的品牌形象，巩固市场地位，实现可持续发展。

因此，公司在知识经济时代应重视市场和用户导向，努力实现"忠诚目标"，以满足各方的需求与期望，赢得竞争优势。

二、知识创新的特征

（一）知识创新是力量的源泉

知识工程作为 21 世纪人类发展的核心工程，赋予人类不断进步的动力。知识作为社会根本，是人类获取超额利润的重要资源。随着第三次知识革命的兴起，知识产业已发展成为凌驾于农业、牧业、工业、商业服务业之上的新兴产业，与信息产业共同构成了超工业的第四产业。因此，知识财富在社会发展中的地位日益关键，超越了土地、资本、公司等传统资源。

历史上，第一次知识革命和农业革命共同打造了伟大的东方文明；第二次知识革命和工业革命则塑造了强大的西方文明。如今，第三次知识革命和信息革命将东西方文明融合，孕育出前所未有的全球文明，即地球文明。在 21 世纪，知识将在社会生产力增长和社会文明进步中发挥更为重要的作用。

为应对 21 世纪的挑战，各国应加大知识工程建设力度，推动教育、科研和创新的协同发展。通过知识传播与共享，提高人类整体素质，促进全球文明交流与合作，实现可持续发展。在这个过程中，东西方文明将相互借鉴，取长补短，共同推动地球文明的繁荣与发展。

（二）知识创新是各国角逐的重要资源

21 世纪，人类社会知识化成为世界发展潮流。这股潮流体现在以下四个方面。

（1）产业知识化。知识在产业中的重要性日益凸显，创造和运用管理知识成为新的综合软产品产业。软产品产业包括智能产业和其他知识产业，共同组成大知识产业集群，也称脑业群。

（2）管理知识化。经济管理逐渐让位于科学管理，甚至创立了人工智能管理科学。这表明管理领域对知识的依赖程度不断提高，以更高效、智能的方式推动企业发展。

（3）社会知识化。科技不断向政治、经济、文化、生活等各个领域渗透，迫使人们不断吸收新知识以适应社会发展的需要。这促使社会知识水平整体提升，为各领域创新和进步提供支持。

（4）企业知识化。企业知识成为企业发展的重要因素，独特的创意和知识产权成为 21 世纪企业在竞争中制胜的法宝。企业经营和生产建立在创新基础上，要求"人无我有，人有我新，人新我奇，人奇我绝"。因此，21 世纪企业的知识是创新的知识，如知识产权、商标等无形资产成为企业财富的象征，拥有驰名商标和品牌的企业将在市场上占据优势，企业的无形资产也将不断升值等。

为适应知识化发展趋势，各企业和组织需重视知识创新和管理，提升自身竞争力。同时，政府和社会应加大教育投入，提高全民知识水平，为经济社会发展提供人才支持。

三、创新能力的定义

创新能力是指在已有知识和信息基础上，通过自身努力创造性地提出新发现、发明或改进的能力。这一能力体现了怀疑、批判和调查的能力，是研究者在科学、艺术、技术和各种实践活动领域中，不断提供具有经济、社会、生态价值的新思想、新理论、新方法和新发明的能力。创新能力主要包括以下五个方面。

第一，创新意识。指具备敢于挑战、勇于突破的精神，对现有知识和观念持怀疑、批判的态度，寻求创新点。

第二，创新基础。积累和掌握丰富的原有知识和信息，为创新提供基础支持。

第三，创新智能。包括观察、思维、想象、操作等能力，是创新者在创新过程中必须具备的技能。

第四，创新方法。运用恰当的方法和技巧进行创新，包括技术创新、管理创新、制度创新等。

第五，创新环境。营造有利于创新发展的氛围，包括政策支持、资源保障、人才培养等方面。

创新能力的定义主要强调以下三点。

① 在前人发现或发明的基础上。任何创新、创造、发明和发现都离不开人类已有的知识和信息。

② 通过自己的努力。创新者需要具备强烈的创新动机、创新精神和良好的创新能力。

③ 创造性地提出发现、发明或改进革新方案的能力。创新能力在创

造过程中得以体现，涵盖各种创新特征。

四、创新与创新能力的关系

（一）创新与创新能力

创新能力在创新和创造活动中具有核心地位，它是推动创新活动的积极、活跃因素，贯穿于创造性活动的全过程。创新能力既是创新活动的动力，也是其基础。在没有创新能力的参与下，创新活动将失去生机和活力。

创新成果是创新能力作用的结果，它通过创新活动得以展现。没有创新能力的影响，新事物的诞生将受到限制。在创新活动中，创新能力得到激发和加强，并以创新成果为最终归宿。

因此，创新能力与创新活动之间存在紧密联系，它对创造性成果的产生具有重要意义。具备较高创新能力的人，其创新能级也会相应提高，创新性发挥得越好，产生的创新成果越多、速度越快、效率越高、价值越大，所带来的影响也越深远。

总之，创新能力在创新过程中的作用至关重要，它推动创新活动的开展，促进创新成果的诞生。提高个人和团队的创新能力，将有助于创造更多、更高效、更有价值的创新成果，为社会发展注入源源不断的活力。

（二）创新能力开发与创新学

创新性成果的生产离不开三个关键要素：创新能力、知识经济和环境条件。在这三个要素中，创新能力被认为是比知识更为重要的因素。

在日常生活中，可以发现一些学历不高、书本知识较少的人，却取得了丰硕的创新成果。相反，有些学历较高、书本知识丰富的人，却一生未能创造出属于自己的创新成果。以电灯发明为例，英国斯旺和美国爱迪生都致力于研究电灯。斯旺先开始研究，历经 32 年发明了具有实验价值的电灯，并获得一项专利。而爱迪生在斯旺之后，仅用四年多时间就发明了具有实用价值的电灯，并获得了 100 多项相关专利。

尽管在学历和书本知识方面，斯旺优于爱迪生，但在创新能力上，爱迪生却远远超过斯旺。造成这一逆差的原因在于，爱迪生在创新能力方面比斯旺更具优势。

自 20 世纪 30 年代以来，人们越来越重视创造力开发，开始积极研究如何提高创造力并将其应用于实践。实践证明，创造力可以通过开发和培养而得到提高。创新学作为一门指导创造力开发的重要理论学科，为人们提供了丰富的创新方法和理论支持。

总之，创新能力在创新性成果生产中具有举足轻重的地位。通过创新学的研究和应用，我们可以培养和提高个人的创新能力，从而更好地推动创新性成果的产生。这不仅有助于个人成长，也为社会和经济的发展注入新的活力。

第二节　新时代创新人才的培养

在 21 世纪，经济、科技、政治、军事等领域的竞争将越发激烈，其本质在于综合国力的较量。而这些竞争最终将演变为人才的竞争，特别是创造性人才的竞争。因此，我国亟须培养大批创造性人才，以确保社会主义建设事业的繁荣昌盛。

要成为创造性人才，首先要克服存在于创造力开发过程中的心理障碍。这些障碍可能包括但不限于恐惧、焦虑、自我怀疑等，它们会影响个体的创新潜能发挥。其次，通过培育创新精神，激发个体敢于挑战、勇于突破的内在动力。在此基础上，进一步提升创新素质，包括观察能力、思维能力、想象能力等。

培养创造性人才不仅对个人发展具有重要意义，更是关系国家繁荣兴盛的重大课题。我国应从教育、培训、政策等多方面入手，为广大人才创造良好的创新环境，激发创造力潜能，推动社会主义建设事业不断向前发展。在这个过程中，创造性人才的培养和选拔将起到关键作用，有助于增强国家竞争力，实现民族复兴。

一、知识经济人才的特征

在知识经济时代，人才优化过程的核心在于不断创新。具备五种特征的人才分别如下。

（1）创新时代人。21世纪是创新的时代，每个人都身处其中。管理行为目标之一是将自己锻炼成为具有创新和开拓能力的智能人，即创新时代人。

（2）电子空间人。21世纪，电子技术和网络将全球连接在一起。管理者生活在高度信息发达的国际社会，与电子技术密切相关。人才需掌握专业知识和电子运用技术，才能在国际舞台上活跃。

（3）知识国际人。21世纪是知识和智能主导的社会，知识结构多维化、边缘化、综合化和交叉化，知识资源共享化是知识经济时代的特征。知识国际人需具备跨学科综合知识和专业知识，具有全球观念、超前创造思维和多元知识技能。

（4）复合智能人。21世纪要善于综合，把有益的知识和经验有机结合，实现创新。人才结构将进行重组，需要国际型、综合型、复合型和高能型的知识人才。每个人需树立综合观念，掌握综合知识，发挥综合人才优势，进行综合开发。

（5）网络系统人。知识经济时代是数字化学习时代。网络化使世界联系成一个巨大的网络系统，管理者成为网络世界的一分子。管理目标之一是将自己锻炼成为网络系统人，以适应知识经济时代的发展。

综上，知识经济时代的人才需具备创新、电子空间、知识国际、复合智能和网络系统五种特征，以应对不断变化的时代挑战，为国家和社会发展贡献力量。

二、培养创新人才的途径

（一）培育创新精神

创新精神并非与生俱来，而是通过后天的培养和锻炼逐渐形成的。创新精神是开展创造发明活动的基石，缺乏创新意愿和动机的人很难做出创新成果。创新精神主要通过动机、信念、质疑、勇敢、意志、情感等方面体现。

1. 培育顽强的创造动机

要培养和激发创新动机，需要具备强烈的事业心和社会责任感，这是创新思维的基础。优秀的发明家始终将投身创造活动、造福人类作为自己的崇高理想。例如，著名化学家诺贝尔，他把自己的生命融入了现代化建设大业中，勇敢地面对炸药试制过程中的危险，因为他深知炸药的发明将为人类带来巨大的财富。

在今天，我们要树立为祖国繁荣昌盛而努力奋斗的崇高理想。只有将个人的命运与国家的现代化建设紧密相连，才能在创新过程中产生强大的动力。在面对困难和挑战时，要像诺贝尔一样勇敢地挺身而出，将个人的创新成果贡献给社会，为实现国家的发展和人类的福祉作出贡献。培育创新精神，需要始终保持对事业的热情和对社会的责任感，将个人的创新成果融入国家现代化建设的大潮中。

2. 培育坚定不移的成功信念

要培养坚定不移的成功信念，先要培养自信心。自信心是实现目标、战胜困难的基本前提。那些取得成功的人，无一不具有强大的自信心。正如著名作家巴尔扎克所言："我唯一能信赖的，是我狮子般的勇气和不可战胜的从事劳动的精力。"这种自信心使他克服了重重困难，创作出了被誉为传世巨著的《人间喜剧》。在人生道路上，也需要坚定的自信心来支撑我们勇往直前。只有相信自己的能力和潜力，才能在面对挑战时保持坚定的信念，从而克服困难，实现目标和梦想。

培养自信心需要不断积累和锻炼。要学会正视自己的优点和不足，充分肯定自己的价值，勇敢地面对生活中的挑战。在这个过程中，要相信自己的能力，坚信自己可以战胜一切困难，取得最终的胜利。这样，在奋斗的道路上才能始终保持坚定的信念，不断向前，创造属于自己的辉煌。

3. 培育顽强的创造意志

意志品质的培养是一个循序渐进的过程，并非与生俱来。在克服创造活动中的重重困难过程中，个体逐渐锻炼和培养自己的意志力。为了更好地培养意志品质，可以从以下五个方面着手。

（1）树立远大的奋斗目标。为自己设定具有挑战性的目标，激发内心的强烈愿望和必胜信念，从而为意志力提供源源不断的动力。

（2）在创造实践活动中锻炼意志。主动迎接创造活动中的挑战，勇敢面对困难，通过实践不断提高自己的意志品质。

（3）针对个人特点加强自我锻炼。根据自己的意志品质特点，制定合适的锻炼计划，有目的地提升自己的意志力。

（4）依靠纪律约束加强自律。遵循规律，规范自己的行为，增强自律意识，从而更好地培养意志品质。

（5）参加磨炼意志的体育活动。通过体育锻炼，提高自己的身体素质，同时培养坚定的意志力。

在培养意志力的过程中，我们要保持积极的心态，勇于迎接挑战，不断锻炼和提升自己。这样，在面对生活中的困难时，我们才能拥有强大的意志力，勇往直前，实现自己的目标和梦想。

4. 培育健康的创造情感

情感与情绪紧密相连，情感是情绪的外在表现，情绪是情感的本质内容。因此，培养情感实际上就是掌握控制情绪的心理方法。

（1）意识调节法。通过自我意志力量来调控情绪变化，运用社会规范和理性标准约束自己的情绪，使自己成为能够驾驭情感的人。

（2）语言调节法。语言是表达和体验情绪的重要工具。通过语言的使用，可以引发或抑制情绪反应。即使是无声的内部语言，也能对情绪产生调节作用。例如，墙上的条幅、案头、床边的警句等，都对控制紧张情绪有益。

（3）注意转移法。将自己的消极情绪转移到有意义的方面。例如，在烦恼时，欣赏能唤起内心正向力量的音乐会产生良好效果。

创新精神不仅体现在创新能力上，还表现为创造人格。在日常生活中，我们应保持愉快的心境和积极的情绪。遇到失意之事时，要保持豁达的态度，自我解脱困境，并具备幽默感，从而调节好自己的情绪。

学会调节情绪有助于提升我们的生活品质，使我们在面对挑战和困难时保持积极的心态。通过掌握控制情绪的心理方法，我们可以更好地应对生活中的种种压力，充分发挥自己的潜能，实现个人成长和事业成功。

5. 培育质疑精神

疑问、矛盾和问题往往是激发创新思维的关键因素。创新学鼓励人们勇于质疑他人所不疑，善于思考他人未曾思考的领域。事实表明，不敢提问、不善于提问及缺乏怀疑精神的人，是无法取得创新成果的。为了培养质疑精神，我们可以从以下六个方面入手。

（1）勤思。遵循"勤思则疑"的原则，在遇到问题时，善于自觉地进行独立思考，多问几个"为什么"，养成寻根究底的习惯。

（2）理智控制。在未发现自身错误前，尽量坚持己见，避免随波逐流。

（3）争论问题时，避免从众心理，不屈从于群体压力。

（4）拥有坚强的自信心，敢于提出问题，勇于挑战权威。

（5）不满足于现状，保持追求创新的"饥饿感"，从而提出更多的问题。

（6）培养"吹毛求疵"的精神。在人们忽视的地方寻找问题，发现问题所在，进而实现创新发明。

通过以上方法，我们可以培养质疑精神，激发创新思维，从而在学术、工作等领域取得更好的成果。质疑精神是国家发展、社会进步的重要推动力量，也是培养创新人才的关键因素。

6. 培育勇敢精神

勇敢被誉为创新者的第一品质，因为在创新过程中，需要敢于尝试别人未曾想过、做过或成功的事。创新具有风险，而胆怯是创新的最大敌人。

胆怯会消磨人的想象力和独创精神，使人失去发现真理的机会。例如，著名数学家高斯在创立非欧几何后，因胆怯怕遭嘲笑而未公布成果。

然而，有些人在面对创新挑战时表现出无畏的勇气。例如，英国工人史蒂文森在制造第一辆火车时，虽然遭受嘲笑，但他并未气馁。经过 11 年的努力，史蒂文森终于制造出世界上第一辆客、货运蒸汽火车"旅行号"，完成了人类交通史上的伟大创举。

通过培养勇敢的创新精神，我们将在科技、艺术、文化等各个领域取得更多的突破和成就，为人类的发展和进步作出贡献。为了培养勇敢的创新精神，要具备以下品质。

（1）不怕失败。勇于尝试，不怕失败，从失败中汲取经验，不断成长。

（2）坚强意志。在面对困难时，要有坚定的信念，勇往直前。

（3）逆境抗争决心。勇敢面对逆境，挑战自我，不断突破极限。

（4）百折不挠的毅力。在创新过程中，要有坚持不懈的精神，勇往直前，直至成功。

（二）培养创新素质

创新素质由智力素质和非智力素质两部分组成。智力素质涉及吸收、记忆、想象、观察、实际动手等能力，这些能力在创新过程中具有重要作用。而非智力素质，如自信、质疑、勇敢、勤奋、热情、好奇心、兴趣、情感、动机等，与创新开发关系密切。

培养创造性人才，关键在于提升他们的智力素质和非智力素质。提高智力素质有助于我们更好地进行创新思考和实践。例如，通过加强学习方法和技巧，提高吸收和记忆能力，增强观察和动手能力，从而为创新奠定基础。

与此同时，非智力素质的培养同样重要。自信让我们勇于挑战，质疑让我们不断探索，勇敢让我们面对困难时不屈不挠，勤奋和热情让我们始终保持积极状态，好奇心、兴趣和动机则激发我们不断创新。这些非智力因素共同构成了创新精神的内核。

在培养创造性人才的过程中，需要关注智力素质和非智力素质的全面发展。通过系统的培训和实践，使个体在创新过程中具备更高的素质，从而为国家和社会发展贡献更多的创新成果。在这一过程中，智力素质和非智力素质的培养相辅相成，共同推动创新事业不断向前。

1. 吸收能力

吸收能力涵盖学习和信息收集两个方面。在创新过程中，创造性自学能力尤为重要，因为它可以帮助我们不断获取新知识，增强创新素质。现代科技飞速发展，知识更新速度加快，因此强化自学能力，尤其是创造性的自学能力，对创新事业具有重要意义。创造性自学能力的培养可以从以下三个方面进行。

（1）顽强与勤奋。古人云："书山有路勤为径，学海无涯苦作舟。"这意味着要想在学术和事业上取得成功，必须付出艰辛的努力。我国数学家华罗庚便是顽强与勤奋的典范，他克服了天赋不足、身体残疾等困难，最终成为世界闻名的大数学家。

（2）勤学好问，多思善疑。学习和思考是创新过程中不可分割的环节。勤学好问能帮助我们深入理解知识，多思善疑则能让我们在关键处抓住问题的本质，从而不断提高创新能力。

（3）科学的读书方法。读书要善于运用科学方法，包括泛读与精读相结合。泛读可以扩大知识面，了解新科学、新知识和新动向；精读则能让我们深入研究相关资料，从而提高创新能力。

此外，信息收集能力在创新过程中也至关重要。创新者需要具备敏锐的信息感知能力，精通信息收集、整理和分析方法。这样，才能更好地了解社会创新成果和未来创新动向，为创新事业提供有力支持。

在培养创新素质的过程中，吸收能力和信息收集能力的提升相辅相成，共同推动我们在创新道路上取得更多成果。

2. 记忆能力

记忆力是人脑对经历事物的反应能力，是智能的仓库、学习的基础。人们通过记忆力不断存储和提取知识，发挥才智，变得聪明。创造性人才的工作、学习和创造离不开记忆力，这是他们获取和调用过去经验知识的能力。据统计，人脑可储存高达几百万亿比特的信息，相当于五亿本书所包含的信息总量。

记忆品质的六个特性包括：敏捷性（记得快）、正确性（记得准）、持久性（记得牢）、灵活性（记得活）、系统性（有条理）和广阔性（博学多记）。

提高记忆力的诀窍有：明确记忆目标、注意力集中、信念坚定、在理解的基础上记忆、及时复习和讲究记忆卫生。

科学的记忆方法包括系统记忆法、重点记忆法、形象记忆法、联想记忆法、归类记忆法、回忆记忆法、练习记忆法、趣味记忆法等。创造性人才应掌握这些方法，并根据自身特点形成独具特色的记忆习惯。

掌握记忆的规律，如背诵、争论、理解、重复、趣味、联想、应用、简化、卡片等，对增进记忆有益。遵循这些规律，人们可以提高记忆效果，更好地进行学习、创新获得事业的发展。

3. 想象力

想象力是人类形象思维的能力，它在记忆的基础上，通过思维活动将客观事物的描述构建成形象，或独立构思出新形象。要培养想象力，可以从以下三个方面入手。

（1）积累丰富的知识和经验。想象力依赖于人的知识和经验。通过对过去的学习和经验进行加工、改造和构思，形成新的印象。知识和经验的丰富程度决定了想象力的强弱，进而影响创新成果的可能性。

（2）强化好奇心。好奇心是一种对自己尚不了解的事物产生兴趣，并自觉地集中注意力去探究的心理倾向。好奇心有助于激发创新，但难以维持。要培养好奇心，关键在于深入挖掘，不断提出新问题、新疑问，从而激发新的好奇。

（3）培养创造激情。人的情感对想象力的丰富性、强烈性和倾向性有影响。列宁曾说："没有人的情感，就从来没有、也不可能有人对真理的追求。"培养创造激情有助于提高想象的丰富性、强烈性和倾向性，进而促进创新。

通过以上方法，可以培养想象力，增强创新能力和创造力。在学术、事业和生活中，想象力发挥着重要作用，助力取得更多突破和成就。

4. 观察能力

观察能力是有目的、有组织的知觉，能全面、正确、深入地认识事物特点。它是创造的源泉，创造性人才的培养需增进观察能力。培养观察能力的主要途径是养成良好的观察习惯和掌握一定的观察方法。

（1）养成良好的观察习惯。良好观察习惯包括乐于观察、勤于观察和精于观察。乐于观察是对周围事物有强烈兴趣；勤于观察和精于观察是坚持长期、系统的观察，注意事物的细枝末节和偶然发生的意外现象，从中寻找有价值、富有启发性的线索。

（2）掌握一定的观察方法。

① 整体观察。对新生事物进行归纳和判断，了解事物的主要属性和特征，形成基本概念。观察时可选择一个常见事物作为参照物，注意观察对象与参照物之间的区别。

② 重点观察。对某一事物的具体特征进行深入观察，以获得更深刻、全面的认识。观察前需确定观察顺序，按顺序进行观察，或分割观察对象为若干局部，逐个观察。

观察能力的培养不独立，与思维、知识及经验积累密切相关。知识渊博、经验丰富、思维敏捷，才能具备敏锐的目光，才能独具慧眼。因此，培养观察能力需不断积累经验，丰富知识。在实践中，我们将更好地锻炼和提升自己的观察能力，为创新和创造提供有力支持。

5. 分析能力

分析能力是通过思维认识事物各种特性和本质的能力，对于创新活动至关重要。创新过程包括发现问题、解决问题、提出创新方案和实现创新。提高分析能力的主要途径有以下五点。

（1）积极分析各种事物。通过实践，不断地分析和解决问题，提高自己的分析能力。

（2）参加解决问题的分析研讨会。在会议上倾听他人对问题的分析和评价，借鉴他人的分析方法，有助于提高自己的分析能力。

（3）多看分析文章和材料。从他人的分析作品中吸取经验，学习不同的分析方法，丰富自己的分析技巧。

（4）借鉴他人的分析成果。在学习、工作和生活中，关注他人的分析方法和思路，取长补短，提升自己的分析能力。

通过以上途径，可以不断提高分析能力，为创新活动提供更有效的支持。创新需要具备敏锐的洞察力、扎实的分析能力和高效的执行力，只有不断学习和实践，才能在创新道路上取得更多的成果。

（5）实际动手能力。创新过程包括从产生设想到将设想变为现实的整个过程。在这个过程中，创新者需要具备一定的实际动手能力。这种能力涵盖了绘制加工图、制作样品模型，以及进行相关实验等方面。

实际动手能力是创造性人才所应具备的基本技能之一，因为它将创新者的设想付诸实践，使之成为现实。创新者不仅需要具备扎实的理论基础，还要具备丰富的实际操作经验。这样，他们才能在创新过程中迅速将设想变为现实，并通过实验验证其创新成果，最终将其投入市场或实际应用中。

具备实际动手能力的创新者更容易实现创新目标，推动社会发展和进步。因此，培养和提高实际动手能力对于创新者来说是至关重要的。通过不断学习和实践，创新者可以不断提升自己的动手能力，为创新事业做出更多贡献。

第三节　大学生创新能力的培养

一、自我创新能力的开发

创新文化、创新环境和创新机制对整个社会的创新事业具有重大意义。然而，作为社会中的个体，我们更重要的是培养独立自主开发的意识，将自己的创新潜能充分发挥出来，转化为实际的创新能力。

独立自主开发意识是创新的前提和基础，具备这种意识的个人会在学习和工作中主动寻求创新契机，不断挑战自己的极限，从而为社会贡献更多的创新成果。培养独立自主开发意识需要做到以下五点。

（1）培养创新精神。勇于挑战传统观念，敢于尝试新事物，打破陈规陋习，形成独特的创新思维。

（2）提高自我学习能力。不断充实自己的知识和技能，为自己的创新提供坚实的理论基础和实践经验。

（3）增强问题解决能力。在面对困难和挑战时，要敢于承担责任，勇于迎难而上，善于运用创新方法解决问题。

（4）建立自信心。相信自己的能力和潜力，坚定创新信念，始终保持乐观和积极的心态。

（5）注重团队合作。学会与他人合作，发挥团队力量，共同实现创新目标。

通过培养独立自主开发意识，我们将更好地发掘个人的创新潜能，为社会的创新发展贡献力量。同时，社会也应营造有利于创新的环境，鼓励和支持个人进行创新尝试，从而推动整个社会的持续创新和发展。

（一）创新能力的自我开发步骤

1. 克服思维定式

思维定式是随着知识、经验的积累而形成的固定思考方式。虽然在解决一般问题和老问题时有效，但对新问题往往成为障碍。要突破思维定式，有以下八个途径。

（1）创新意识。不满足于现状，积极寻求改进和创造新事物。创新意识是一种强烈进取的心态，对新事物、新技术、新理论具有敏锐的兴趣和嗅觉。

（2）大胆质疑。勇于对现有事物和观念提出质疑，独立自主地思考问题，摆脱依赖心理。

（3）立体思维。从宇宙观、环球观、宏观、中观、微观、渺观等多角度思考问题，充分发挥空间想象力。

（4）暂时抛开书本。在进行新课题研究时，故意不去查看资料，先由自己探索实验，以避开现成结论造成的思维局限。

（5）建立自己的原则。以解决问题为目的，不拘泥于条条框框，建立自己的处事原则，化难为易。

（6）多角度思考。从不同角度观察同一事物，以获得不同的认识，发现问题和启迪思路。

（7）模棱两可思考法。在创新活动中，接受答案的模糊性和非唯一性，给思维留下更多回旋余地和可能性。

（8）求异思维。有意识地进行非常规思维，如逆向、侧向思考。

通过以上八个方面，我们可以破除思维定式，使自己的思维更具创新性。这将有助于我们在解决问题、应对挑战和创新发展中取得更好的成果。

2. 贯穿创新精神

创新精神是一种强烈的进取心态，它体现在以下六个方面。

（1）首创精神。具备敢为天下先的理念，是创新的核心要素。没有首创精神，即使有再好的方法也无法实现创新。

（2）进取精神。勇于接受严峻挑战，包含强烈的革新意识、成就意识、开拓意识和竞争意识。进取精神是推动创新的重要动力。

（3）探索精神。表现为对真理的执着追求和好奇心。探索精神有助于满足求知欲，为创新提供源源不断的动力。

（4）顽强精神。包括百折不挠的毅力、不怕困难、不怕失败、不畏风险和抵抗压力的精神。顽强精神是获取创新成果的关键。

（5）献身精神。拥有崇高的理想和献身精神，杰出的成功者不是天生的，而是后天成就的，心理表象和核心信念是关键因素。

（6）求是精神。实事求是是科学精神，有助于排除干扰，遵循实际情况和客观规律，发挥创造精神。

要实现人生定律的不进则退，我们需要在各个方面持续努力和进步。创新精神是成功的基石，培养创新精神，才能在激烈的竞争中立于不败之地。通过不断锻炼和提升自己的创新精神，我们将更好地应对挑战，实现个人和事业的发展。

3. 培养自我的创新品格

要培养创新品格，首先，要有自信心的培养。利用心理暗示提升心理素质，经常默念正面的、充满自信的口号。其次，改变自己，分析自己，通过阅读成功人物的传记和成功自励的书，以及接触成功人士，树立必胜的信念。

最后，要具备民族责任感和强烈的事业心。从兴趣爱好出发，强化培养兴趣的主观意识，体验自我成就感。保持好奇心，积极参与各种探索活动，培养好问的习惯，启发思考和寻找答案。

创新、创造和发明具有无限的魅力。通过开发创新的活动，创新者会具有创新思维，并逐步提升自己的创新能力。创新可以使创新者拥有快乐的人生，当创新者获得了发明和创造成果时，其价值观、人生观、世界观就会发生根本性的变革。有志于创新的人，应及早进入新境界，让创新完善和充实自己的人生。

4. 意志品质的培养

意志是人们在社会实践中坚持不懈、长期保持的一种毅力，是创新者勇往直前，顽强克服困难、险阻的心理品格。英国作家狄更斯曾说："顽强的毅力可以征服世界上任何一座高峰。"意志是创新者不可缺少的心理素质。

要培养意志品质，首先，要有远大有为的奋斗目标。只有确立远大目标，创新者才能在面对困难和挫折时保持坚定的信念，勇往直前。其次，要在创新活动实践中获得意志品质的锻炼和体验。通过实践，创新者可以不断提高自己的意志力，培养坚定的信念。

再次，针对个人意志品质的特点，有目的地加强自我锻炼。每个人意志力的薄弱环节不同，要找出自己的短板，有针对性地进行锻炼。同时，依靠纪律的约束力来加强自律，以规范自己的行为。自律有助于培养创新者的毅力和意志力。

最后，多参加有助于磨炼意志的体育活动，如长跑、攀岩、登山、游泳等。这些活动既能锻炼身体，又能培养创新者的意志品质，使他们在面对挑战时更加坚定和顽强。

总之，创新者要培养意志品质，需要在多个方面下功夫。通过树立远大目标、加强实践锻炼、针对个人特点进行自我锻炼、自律、参加体育活动等方式，创新者可以不断提高自己的意志力，勇往直前，克服困难，实现创新目标。

5. 质疑精神的培养

创新智慧源于问题的提出，即质疑。质疑能激发创新欲望，想象出更具创新性的行为，并培育创新能力。杰出的创新成功者敢于疑人所不疑，善于想人所未想、干别人所不干的事。

要培养质疑精神，首先，可以与信心的培养相结合。有了自信，会有一个良好的心情，从而独立思考，质疑精神自然产生。缺乏自信会导致盲目顺从、迷信权威、甘于平庸。

其次，保持注意力。注意力是智力的有机组成部分，心理学研究表明，有意记忆的效果比无意记忆好。保持注意力的高度集中是有效分析问题、解决问题的必要条件。

最后，遇到问题时，应坚持从多方面、多角度设问。这有助于拓宽思维，找到问题的不同解决方案。

通过以上三个方面的努力，个体可以培养质疑精神，具备独立思考的品格。在面对挑战时，勇于质疑、多角度思考，从而提高创新能力，实现人生目标。

（二）培养创新能力的途径

能力是靠教育、培养、训练、磨炼和激励出来的，创新能力就更是如此。根据以往的摸索、实践和总结，可以用四个字予以概括，即学、练、干、恒。

1. 学

要培养创新精神，需要学习创新的基本知识，提高自我表象，增强责任感，强化创新动机。这些都是创新思维的重要组成部分。

天才、伟人、科学家、发明家、革新家之所以取得成就，关键在于他们拥有独特的思维方式。与普通人相比，他们的区别仅在于一种是创新思维，另一种是复制性和常规性思维。创新思维是完全可以通过学习和训练获得的。

开展思维训练，学会在工作、学习和生活中运用创新的思维方式，将其转化为自己的思维方式。这样，在面对问题和挑战时，就能更好地应对和解决。

此外，还要学习并掌握常用的个体创新技法和群体创新技法。采用了什么样的思维方式和方法，就决定了创新者有什么样的结果。从某种意义上说，社会的发展取决于方法的进步。因此，掌握和创新技法对于个人和社会的发展具有重要意义。

在创新活动中，面对不同的问题和情况，选用合适的创新法和技法，能提高创新活动的速度和成果频率。创新思维和创新技法是实现个人和社会进步的关键因素，我们应该不断学习和实践，以促进自身和社会的不断发展。

2. 练

要培养创新能力，学练结合至关重要。日常训练能让头脑不断运作，变得更加灵活和富有弹性。在进行创新训练时，以下五个方面是值得关注的。

（1）练习想象力。想象力是创新的基础，通过不断锻炼想象力，能激发创新潜能，为创新提供无限可能。

（2）练习思维的扩散能力、联想能力和变通能力。这些能力有助于拓宽思维视野，找到不同问题之间的联系，以及在困境中找到新的解决办法。

（3）练习创新构想。创新构想是创新的核心，要勇于尝试，不断探索新的可能性。通过大量的实践和尝试，从众多构想中筛选出具有创新性的方案。

（4）注重"量"中求"质"。在训练过程中，要注重积累和沉淀，先追求数量，再追求质量。量的积累有助于质的飞跃，只有经过大量的尝试和实践，才能孕育出具有创新性的构想。

（5）保持耐心和毅力。创新能力的培养是一个长期的过程，需要持之以恒地学习和实践。在学习过程中，要善于总结经验，不断完善自己的创新能力。

通过以上方法的实践和训练，个体可以逐渐培养出创新能力，面对问题和挑战时，能更加从容和自信地寻求解决方案，实现个人价值。

3. 干

实践是创新的基础，要运用创新思维和创新技法去解决各种问题。拥有创新思维的人能更容易发现身边的大量问题。例如，日本一家柴油机厂开展"一日一构想"活动，将企业的生存和发展寄托在员工的创新活动上。

企业要求每个员工每年提出 100 条可采纳的构想，结果员工每年每人平均提出 300 条以上。通过这些创新性的构想，企业实现了每年的经济效益递增 20%以上，使得企业不断发展。

4. 恒

"恒"指的是将创新活动和教育培养常态化、制度化。把提升人的创新能力作为一项长期的战略任务来抓。在当今社会，无论是企业还是教育界，生存和发展是最基本的原则。

要想实现发展和壮大，创新是关键。将创新活动纳入企业的日常运营和管理中，才能在激烈的市场竞争中立于不败之地。同样，教育界也需要注重创新，培养具有创新精神的人才，以推动社会进步。

教育创新是提高教育质量、培养创新型人才的关键。教育机构应致力于教学方法、课程设置等方面的创新，为学生创造更加有利于成长的环境。

总之，将创新活动和教育培养常态化、制度化，是实现企业和教育界生存和发展的关键。注重创新，勇于突破，才能在激烈的竞争中立于不败之地。

二、预测决策能力的开发

（一）预测能力

1. 预测能力的内涵

预测能力是指人们预测未来发展趋势和可能发生事件的能力。在创新决策过程中，预测发挥着至关重要的作用。要做出正确的创新决策，必须依靠科学的预测。

具有超前意识和预见意识的人，往往具备较强的创新性。他们在面对社会竞争时，能更好地把握机遇，抢占先机，从而获得成功。培养超前意识和预见意识，有助于提高个体的创新能力和竞争力。

因此，在创新过程中，预测能力和超前意识至关重要。通过不断学习和实践，提高自己的预测和分析能力，培养超前意识和预见意识，从而在激烈的社会竞争中立于不败之地。

2. 预测方法的内容

预测方法是一种通过分析事物历史和现状，对发展方向、进程和可能导致的结果进行推断或测算的方法。在预测过程中，既要考虑主观因素，也要考虑客观因素。通过这些预测，可以为最优决策提供科学依据。

预测方法分为定性法和定量法。定性预测主要关注事件发生的可能性，适用于主观预测。定量预测则关注事件发展的可能程度和量变。在实际应用中，通常采用定性和定量相结合的方法以提高预测准确性。

定性预测方法包括专家调查法（如特尔斐法）、想定情景法、主观概率法等。定量预测方法主要有对比法、趋势法、因素相关分析法（如回归法、弹性系数法）、机理模型法、平滑法等。预测实施包括以下十个步骤。

（1）明确预测任务或目标，确保预测方向和目标的一致性。

（2）确定预测的时间界限，确保预测的时效性。

（3）掌握事物的发展规律和相关数据、资料等信息。分析历史偶然事件，预估未来偶然事件发生的可能性。

（4）选择适当的预测途径和方法，根据实际情况和需求选择适合的预测方法。

（5）建立相应的预测模型，如概念性、结构性或系统性的模型。

（6）分析模型的内部因素及其相互关系，了解各个因素对预测结果的影响。

（7）分析模型外部因素及其想定情景，考虑外部环境对预测结果的影响。

（8）进行预测，根据模型和分析结果预测未来发展趋势。

（9）对预测结果进行灵敏度分析，评估预测结果的稳定性和可靠性。

（10）对多种方案预测结果进行分析评价，为有关部门提供预测和分析结果。

通过以上步骤，可以提高预测的准确性和可靠性，为决策提供有力支持。

（二）决策能力

决策是对多个行动方案进行选择，以实现最优目标。创新决策分为战略和战术决策，其中战略决策关乎创新工程的成功与否和管理效益。管理者，特别是领导者，需要具备做出战略决策的胆识、气魄和能力。

决策过程分为两个阶段：决策工作和决策行动。决策工作是从确定目标到拟定备选方案的过程，通常由领导者委托咨询机构的专家们完成。决策行动则是领导者根据咨询机构提出的方案进行选择，属于领导者的基本职能。

在行政管理、科技管理及企业经营管理活动中，决策贯穿始终。科学决策（简称科学决策）是保证社会、政治、经济、文化、科技、教育、卫生等各项工作顺利开展的重要条件。同时，科学决策也是一个管理者创新水平和决策能力的体现。

因此，在进行创新实践时，应重视并提高决策能力，确保战略决策的正确性。这将有助于推动创新工程的成功实施，提升管理效益，为组织的长期发展奠定坚实基础。

（三）开发创新决策能力的途径

创新需具备开拓意识、果断决策、谦虚博学、实事求是、深入实际、科学程序、先进决策方法及追踪决策。创新过程中，要面对复杂情况，拟订多种方案，谨慎选择，并在实施中坚定不移。同时，要善于吸取群众智慧，广泛征求意见，按科学程序进行创新，并注意采用先进的决策方法。在决策实施过程中，若原决策无法实现目标，需进行追踪决策。

在创新过程中，领导者需要具备以下品质和技能。

（1）开拓创新，慎重果断。具备改革现状的意识和迫切性，能敏锐地发现和提出问题。在面对复杂情况时，要能制定多种方案，深思熟虑，谨慎选择。在创新关键时期，要敢于承担风险，果断决策。

（2）谦虚博学，实事求是。拥有丰富的知识储备，善于运用各种策略，使创新过程更加稳健。

（3）深入实际，吸取群众智慧。支持群众的首创精神，广泛征求各种意见，包括反面意见。在创新决策中，要发挥组织的作用，充分集思广益。发现失误时，要有应变能力，敢于否定原先的决策。

（4）按科学程序进行创新。确保创新过程遵循科学决策的原则，避免个人独断专行。一般包括调查研究、确定决策目标、制定方案、方案选优、方案实施、信息反馈等阶段。

（5）注意采用先进的科学决策方法。结合定量分析和定性分析，运用多种方法进行决策。在选择最优方案时，要充分运用自己的知识、经验和智慧。

（6）追踪决策。当原决策无法实现预定目标时，要对目标或决策方案进行重大修正。追踪决策要求改变原有决策，可能会引发感情冲动，影响公正、客观的评价。

通过以上品质和技能，领导者在创新过程中能更好地应对挑战，实现组织目标。

三、处理信息能力的开发

信息是现代管理中一种独特的"无形资源"，在管理活动中具有举足轻重的地位，它为创新和发展提供了坚实的基础。处理信息能力是进行创新活动、创新决策及协调关系的关键要素。

一个管理者的信息处理能力大小对其创新工程的发展程度具有直接影响。为了提高大学生处理信息能力，有以下六个途径。

（1）增强信息意识。重视信息在管理中的重要作用，将其视为创新和发展的基石。

（2）提升信息获取能力。拓宽信息渠道，迅速获取有关企业、市场、行业等方面的最新信息。

（3）强化信息分析能力。学会运用各种分析方法，深入挖掘信息背后的规律和趋势。

（4）提高信息应用能力。将对信息的吸收、消化和处理应用于实际管理工作中，以提高管理效果。

（5）培养信息素养。通过不断学习，提升自身的信息素养，使自己具备较强的信息处理能力。

（6）建立信息反馈机制。不断完善和创新信息处理方法，根据反馈调整信息处理策略。

通过以上途径，可以提高处理信息能力，从而更好地进行创新活动、创新决策和协调关系，推动组织的发展。

（一）信息的搜集、分析、分配和运用

搜集信息要有明确安排，包括问题或目标、信息种类、来源、搜集手段和方式等。分析信息需先分类，是创新决策的酝酿与准备过程。分配信息要及时、准确，是处理信息能力的重要标志。检查监督信息消化和运用，确保信息效益。在信息处理过程中，需要明确以下四个方面。

（1）搜集信息。确定搜集人员、信息内容和搜集方法。制定完整的信息收集计划，包括问题或目标、信息种类、来源、搜集手段等。

（2）分析信息。对搜集到的信息进行分类，使之更具条理。分析过程是管理者酝酿和创新决策的关键环节。

（3）分配信息。将分析后的信息及时、准确地分发给相关部门，确保信息效益。分配信息的能力是处理信息的重要指标。

（4）检查监督。在信息分发给各部门后，要关注其消化和运用情况。通过检查和监督，确保信息在实际工作中产生效益，避免失误。

通过以上四个环节，可以充分发挥信息处理能力，为创新决策和实际工作提供有力支持。在信息时代，提高信息处理能力是大学生必备的技能。

（二）沟通

信息在决策中具有重要作用，而沟通有助于信息流动和共享。沟通是组织内部各级别之间及与外部环境互动的手段。要成为一个有效的管理者，需要掌握一定的沟通技巧。沟通方式包括向下、向上和平行沟通，以

及书面、口头和非语言沟通。

要实现有效沟通，需认清并排除沟通中的障碍，如信息发送者、传递过程、接收者、人际关系等因素。过量的信息会导致有用信息丢失。有效沟通的要求包括使用熟悉的符号、注意协商、传递有帮助的信息和实现相互理解。通过克服沟通障碍，可以提高沟通效果，为组织发展和创新决策提供支持。

四、控制协调能力的开发

（一）开发控制能力

控制是一种管理过程，通过对比组织的期望和员工的实际行为，采取相应的调控措施，以确保组织目标的顺利实现。这个定义可以从以下两个方面来理解。

（1）控制是主体（管理者）向对象（员工）有目的地施加的主动影响。这意味着管理者主动参与并对员工的言行进行引导和调整，以满足组织的要求。

（2）控制的实质是使对象状态符合组织要求。也就是说，管理者要确保员工的言行举止符合组织的价值观、目标和计划，从而为实现组织目标奠定基础。

通过有效的控制，管理者可以确保组织内部的行为和态度符合预期，为组织的稳定和发展提供保障。控制是一个动态的过程，需要管理者根据实际情况不断调整和优化，以实现组织目标的圆满达成。

控制系统是一个复杂的管理体系，由三个关键要素组成：控制主体、控制客体和监控系统。

（1）控制主体。由实施控制的管理人员组成，他们在系统中具有主动地位，发挥主导和支配作用。控制主体的职责包括制定控制标准、设定控制目标以及向受控者发出指令。

（2）控制客体。指受控系统，由人、财、物、时空、信息、组织等因素构成。控制客体在系统中处于被支配地位，它需要执行控制主体的指令，实现物质、能量和信息的合理配置，以达到预定目标。

（3）监控系统。由专业人员和设备、机构组成，负责监测员工的操作实际。监控系统的职责不仅包括检查控制客体的作业结果和过程，还将监测结果反馈给控制主体，作为调整组织运行的依据，使整个组织行为不断接近并最终达到预定目标。在控制系统中，监控系统处于辅助地位，是监测和调整控制主体与控制客体相互作用的中间环节。

通过这三个要素的相互作用，控制系统能够有效地监测和调整组织运行，确保组织目标的顺利实现。控制系统是一个动态的过程，需要根据实际情况进行不断调整和优化，以实现组织的长远发展。

控制是管理过程中的关键环节，其有效实施需满足以下前提条件。

（1）控制应以计划为依据。清晰的计划有助于明确目标和预期结果，从而提高控制的效力。计划越详细、完整，控制效果越好。

（2）明确的组织结构。控制是通过人来实现的，若组织责任不明确，将无法确定偏离计划的责任主体，进而无法采取相应的调控措施。

（3）控制要客观。以反馈信息为基础，特别是管理人员对员工工作业绩的评价，有助于真实反映控制效果。

（4）灵活机动。组织内外环境不断变化，控制系统需具备足够的灵活性，以适应各种条件的变化，修订计划，完善控制标准，调整控制方式。

（5）经济有效。要提高组织效益，正确决策和提高效率是关键。控制应关注资源配置的合理性，以确保组织目标的实现。

（6）及时控制。发现工作失误后，及时将控制标准与员工工作实绩进行比较，以便发现问题，及时调整。

（7）全局视野。组织由相互关联的子系统组成，控制应关注整个组织的运行，确保各个子系统之间的协调与配合。

通过满足这些前提条件，控制才能在管理过程中发挥预期的作用，推动组织实现目标。在实际操作中，管理者需根据实际情况灵活运用，以提高控制的实效。

开发控制能力包括抓住主要问题（抓大放小），加强基础工作，制定控制标准，发挥职能部门作用，提高责任心，以及重视计划、报表、专业会议等。在开发控制能力方面，管理者需注意以下五点。

（1）抓住主要问题。对影响全局的问题进行严格控制，对一般问题则采取弹性控制。例如，在企业经营管理中，管理者要关注计划编制和实施、投入产出比例、产品质量、成本、人财物平衡、资金收支平衡、供产销平衡等方面。

（2）加强基础工作，制定控制标准。事先控制，对易出现问题环节制定切实可行的控制标准。平时要做好基础工作，确保在问题刚出现时就进行控制。

（3）发挥职能部门作用。提高各职能部门和管理者的责任心，让他们参与情况了解、问题发现和解决等环节。同时，重视计划、报表、专业会议的作用，从中掌握情况，分析问题原因，及时决策、采取措施，实现有效控制。

（4）跨部门协同。加强部门间的沟通与协作，确保各项控制措施的落实。通过各职能部门的共同努力，实现组织目标。

（5）持续优化。在实际操作中，根据实际情况不断调整和优化控制策略，提升控制效果。

通过以上措施，管理者可以提升控制能力，为组织稳定和发展提供保障。在复杂多变的环境中，良好的控制能力是管理者必备的技能。

（二）开发协调能力

协调是处理关系、解决矛盾、实现配合的过程。主要包括抓住机会协调、工作职责协调、资源协调、平衡企业各项建设关系、相互支持及促进合理竞争。协调在企业管理中至关重要，它涉及以下六个方面。

（1）抓住机会协调。管理者要善于捕捉内外部环境中的不平衡和良机，不断开发内部关系，开垦外部环境，建立新的内外平衡。

（2）工作职责协调。明确各职能部门和管理人员的分工与职责，确保职能不明和互相扯皮的问题得到果断解决，让每个人了解自己的工作目标和责任。

（3）资源协调。合理分配人力、财力、物力，确保纵向贯通和横向配合，遵循计划办事，积极平衡各项资源。

（4）平衡企业各项建设关系。处理好物质文明与精神文明建设、长远目标与近期任务、发展速度与效益之间的关系，对涉及面广的重大问题可指定专门部门或专业人员去协调。

（5）相互支持。各部门领导在强调自己工作地位和作用时，要尊重其他部门的作用，形成双向的支持和合作，以实现组织系统的整体目标。

（6）促进合理竞争。鼓励正常的竞争关系，求同存异，互相支持，密切合作，最大限度地发挥积极性和创造性。

通过以上措施，企业可以实现内部和外部关系的和谐，提高组织效率，为企业的长远发展奠定基础。协调是企业管理中不可或缺的一环，良好的协调能力有助于化解矛盾，提高组织整体竞争力。

总之，创新能力的培养作为大学生创新教育的重要方面，要引起各方的高度重视。

第六章　加强大学生道德素质教育

大学生的思想道德认识和价值观念具有可塑性，提升其道德素质、加强道德教育、进行必要的矫正与塑造，是一项涉及调查研究、教育理念、实践途径和多方互动的系统工程。通过以上措施，有针对性地对大学生进行道德素质教育，有助于塑造他们正确的价值观和道德观，为未来社会培养具有高尚道德品质的人才。

第一节　大学生诚信教育

当前全社会面临诚信危机，对大学生发展产生严重影响。高校思想政治工作面临诚信课题，研究反思大学生诚信教育成为重要任务。全社会诚信危机日益严重，对大学生群体也产生了负面影响。这种危机与国家和社会对大学生的期望不符，使得高校思想政治工作面临诸多挑战。

一、诚信是中华民族的传统美德

诚信，作为中华民族的传统美德，自古以来就受到高度重视。古训教导我们，"人而无信，不知其可""民无信不立，政无信不威"。诚信主要包括诚实正直和言行一致，它是社会公德的重要组成部分。

诚信不仅体现在思想认识上，还需要在行为习惯的养成与积累。在复杂的社会环境中，每个人都会面临各种利益关系的考验。要做一个堂堂正正的人，处理好利益关系，就需要内在的修养和素质。

在社会中，诚信问题应成为关注的焦点。学校教育应将诚信品质的培养视为重中之重，通过教育引导，让学生认识到诚信的重要性，从而在实际行动中体现出诚信价值。

通过加强诚信教育，我们可以培养出更多具备诚信品质的公民，这对于构建和谐社会、促进国家发展具有重要意义。在个人和社会层面，践行诚信，传播诚信价值观，是每个人应尽的责任。

二、大学生诚信危机的表现

当前大学生面临诚信危机，主要表现在考试作弊、论文剽窃、拖欠学费、助学贷款违约、制造虚假履历、网络不诚信等方面。这些现象导致大学生丧失了刻苦学习、拼搏向上、实事求是的态度，转向投机取巧、相互欺骗的行为和作风。

在当今大学校园中，不诚信现象频繁出现，表现为以下四个方面。

（1）考试作弊和论文剽窃。由于大学考试的重要性降低，一些学生放松了警惕，采用作弊手段应对考试。此外，论文剽窃现象也严重，学生不愿潜心研究，而是将下载的论文直接改为自己的。

（2）拖欠学费和助学贷款。部分大学生无法按时缴纳学费，甚至在贫困生助学贷款中弄虚作假。

（3）制造虚假履历。为了获得入党、评优等机会或更好的工作，一些大学生夸大自己的优点，掩饰缺点，甚至编造履历。

（4）网络不诚信。在虚拟网络世界中，传统道德制约机制被弱化，大学生在网络中的行为容易出现问题。

这些不诚信行为导致大学生失去了高中时期的刻苦学习、拼搏向上、实事求是的态度，取而代之的是投机取巧、相互欺骗的行为和作风。为解决这一问题，需要从教育、监管和引导等方面入手，重塑大学生的诚信价值观。同时，大学生本身也应认识到诚信的重要性，自觉抵制不诚信行为，努力成为具有诚信品质的公民。

三、加强对大学生的诚信教育

（一）大学生诚信问题的影响因素

大学生诚信问题是社会性问题，影响因素包括家庭环境、社会环境和学校教育管理体制。家庭环境对学生诚信有重大作用，社会生活中的不公平现象和人际关系欺诈也会对学生产生负面影响。此外，教师品质道德对学生诚信的形成也有影响。大学生诚信问题的产生受到多方面因素的影响，主要包括以下三个方面。

（1）家庭环境。家庭成员的为人品质，尤其是父母，对学生诚信具有重要作用。家庭成员与学生关系亲密，互动频繁，无论是教育灌输还是潜移默化的影响，都对学生的诚信产生不可忽视的影响。

（2）社会环境。大学生在社会生活中会遇到各种各样的人，各行各业的人对大学生的价值观念和行为方式产生一定的影响。尤其是社会不公平现象、人际交往中的欺诈等行为，会给学生纯洁的心灵带来污染，导致他们受到伤害或进行模仿。

（3）学校教育管理体制。教师的品质道德对学生诚信的形成具有直接关系。如一些教师存在对学生厚此薄彼、腐败作假等现象，这些都将对学生的身心健康产生影响。

为提高大学生诚信水平，需要从家庭、社会、学校等多方面入手。家庭要注重培养孩子的诚信意识，社会要积极营造公平公正的环境，打击欺诈行为，学校要完善教育管理体制，提升教师品质，为学生树立诚信榜样。只有综合施策，才能促进大学生诚信品质的培养和提升。

（二）大学生诚信品质的提升途径

为解决大学生诚信问题，需开展诚信教育，加强诚信宣传，批判不诚信现象，树立道德模范。对作弊剽窃者既要严厉批评，也要给予改过自新的机会。通过网络大学生教育，树立学生良好品质，并建立健全诚信评价机制。为提升大学生诚信素质，以下四个方面至关重要。

（1）诚信教育。加强诚信宣传，批判不诚信现象，树立道德模范，使学生向先进看齐。

（2）个性化教育。针对作弊剽窃者，既要严厉批评，也要提供改过自新的机会。教育过程中要关注学生内心，解决疙瘩和疑惑，使其从心底认识到问题的存在。

（3）网络大学生教育。加强学生网络教育，着重诚信教育，使学生在网络环境中保持良好品质。

（4）诚信评价机制。建立健全诚信评价体系，将考试舞弊、逃课、信用卡违约等行为纳入评价标准，规范学生行为，使其在日常生活中接受诚信道德观念的约束。

在社会主义市场经济大潮中，诚信是立身之本。大学生应将诚信问题视为自身发展的重要问题，在生活中不断磨炼诚信品质。家庭、学校和社会各方需共同努力，为培养具备诚信品质的大学生创造良好环境。从长远来看，诚信品质的培养将对大学生的人生和事业发展产生积极影响。

第二节　大学生感恩教育

感恩教育是一种道德教育，培养人们懂得感恩、知恩图报的品质。对于大学生而言，感恩教育同样具有重要性。教育工作者应积极探索有效途径，将感恩教育融入课堂教学、实践活动和校园文化建设中，培养具备感恩品质的大学生。这对于大学生自身成长与社会和谐发展具有深远影响。

一、感恩教育的含义

感恩是对他人所给予帮助的感激。感恩教育旨在培养学生的感恩意识和习惯，让他们对他人、社会和自然常怀感激之心和致谢之情。这样的教育不仅是一种情感教育，更是一种道德教育，乃至人性教育。

感恩教育的重要性在于，它能够唤起人们的感恩之心，让人们更加珍惜和感激生活中的点滴关爱。当感激之情成为人们的习惯，他们将更加关注他人和社会的需求，进而促进人际关系的和谐、国际交往的友好及社会的发展。

在社会中，每一个人都应心存感激。这不仅是对他人付出的一种尊重，也是对自己生活的一种珍惜。通过感恩教育，我们能够培养出更多具有感激之心、愿意付出和回馈社会的公民，这对于构建和谐社会、促进国际友好交往具有重要意义。因此，感恩教育应当得到更多关注和重视，让感恩成为每个人生活的一部分。

二、感恩教育的内容

感恩教育内容应涵盖父母、老师、社会、党和国家、大自然五个方面，包括对父母养育之恩、老师培育之恩、社会和他人的帮助之恩、党和国家再造之恩，以及自然环境赋予之恩的感激。

（1）父母养育之恩。母爱似海，父爱如山，感恩父母无微不至的照顾和关爱，铭记他们的养育之恩和教育之恩。

（2）老师和学校培育之恩。荀子将师长与天地、先祖一同视作礼义的根本。在社会主义阶段，尊师重教是重要的道德规范。感恩教师对个人成长和成才的引导，珍惜学校教育给自己带来的成长机会。

（3）社会和他人帮助之恩。个体成长于社会之中，应感激来自他人的善举和帮助，培养对社会和他人的感恩之心，营造良好的社会氛围。

（4）党和国家再造之恩。祖国为我们提供了成长的条件和基础，党为我们谋幸福，创造幸福和谐的生活。新时代的大学生应牢记党和国家的恩情，树立报国之志，为祖国的繁荣富强贡献力量。

（5）自然环境赋予之恩。自然环境是我们生存的基础，我们要感恩自然，合理利用资源，保持生态健康平衡发展，保护大自然。

通过感恩教育，培养学生对这五个方面的感激之情，使其成为具有道德品质、责任感和人文关怀的公民，对于构建和谐社会、促进国家发展和人类文明具有重要意义。

三、感恩教育过程中应该注意的问题

感恩教育应注重教师示范作用，强化全员过程，讲究方式方法，并循序渐进地进行。家庭、社会、学校等各方共同承担责任，形成协调一致的教育网络，让学生处处感受温暖，心间充满感激。在实施感恩教育时，应注意以下四点。

（1）教师示范作用。教师在教书育人过程中应发挥身教的作用，加强自身素质修养，为学生树立做人的典范。尤其在感恩方面，要承担起对父母、社会、党和国家、自然的责任，关爱每一个学生，激发他们的感恩之心。

（2）全员过程。感恩教育是一个涉及家庭、社会、学校等各方的过程。各方应承担相应责任，形成协调一致的教育网络，让大学生处处感受温暖，心间充满感激。

（3）方式方法。感恩教育不仅是认识活动，还是情感活动。教师在教育过程中要注重以理服人、以情感人、情理交融，让学生在不知不觉中受到教育，实现自我更新和完善。

（4）循序渐进。知恩、感恩是需要长期坚持的事情。感恩教育要在继承传统美德的基础上，随着时代发展不断创新、丰富，帮助学生树立积极的人生观和远大理想，为将来顺利融入社会打下基础。

通过遵循这些原则，感恩教育将更好地培养学生的道德品质和责任感，使他们成为具有人文关怀和感恩之心的公民，为构建和谐社会、促进国家发展和人类文明贡献力量。

第三节　大学生修身教育

文明修身是指在日常生活中，根据社会道德规范和伦理原则进行自觉、自律的品德修养，以达到尽善尽美的文明境界。这一教育理念体现了马克思主义关于人的全面发展理论及儒家传统修身思想。在实践中，文明修身教育针对大学生自律性薄弱环节，具有针对性、教育性，并创新了高校德育工作的理念、思路和方法。

一、我国传统文化中对修身的论述

中国古代思想家专注于人的内心世界和人际关系，与西方思想家的关注点形成鲜明对比。西方思想家更多地向自然界寻求启示，挑战自然界的极限；而中国古代思想家则更多地将注意力转向人的内心，强调内在修养和自我提升。

在中国教育史上，人的思想修为始终是一个重要的探讨领域。尽管没有专门的术语和论著来论述这个问题，但关于这方面的思想却是丰富多样的，不乏许多独到和精辟的见解。这些见解体现在古代哲学、儒家、道家等各个流派中，强调人的道德修养、心理调适、人际关系等方面的内容。

古代思想家的这种关注人本身及其人际关系的取向，为后世教育提供了丰富的理论资源。在今天，这些思想依然具有很高的价值，可以帮助我们更好地理解人的内在世界，提升个人的道德修养和心理素质，促进人际关系和谐，从而构建更加美好的社会。

总之，中国古代思想家关于人的内心世界和人际关系的探讨，为中国教育史留下了宝贵的财富。在新时代背景下，我们应继续挖掘这些思想精华，将其融入现代教育实践中，以促进人的全面发展和社会主义精神文明建设。

（一）重生与修身

自古以来，人类对生命、死亡、神灵等问题不断进行思考。在原始社会，由于生产力水平低下和认识能力有限，人们对这些问题的认识存在扭曲，将自然现象归因于神鬼意志，处于无法掌控生存状况的状态。

随着社会的发展，尤其是进入奴隶制时期，生产力水平提高，人们开始认识到劳动的价值和自身的作用，对鬼神的崇拜程度逐渐降低。在这一过程中，《尚书·皋陶谟》等文献提出了上天从人的好恶角度实施奖惩的观点，将天的意志与人的意志相融合。

儒家重生观念对人的生命价值有重要影响。这种观念首先体现在"人贵于物"的思想，强调人的价值高于其他生物。儒家反对活人殉葬，主张生要有价值，死得其所。这种观念在儒家教化中培育了民族气节和民族精神。

道家也关注养生，但更强调顺应生命发展规律，达到保养生命、延年益寿的目的。与儒家相比，道家更关注个人的修炼和长生不老。

儒家修身观念是积极入世的表现，强调保养好生命以实现自己的人生价值和社会抱负。儒家认为，德高者得寿，仁慈者延寿。在历代儒家与养生家的传承中，这一观念得以延续。

总之，中华优秀传统文化高度重视人的生命价值和身心修养。我们应该积极汲取这些思想的精华，将修身与养性相结合，以促进个人成长和社会进步。

（二）重德与养性

自周代以来，道德问题一直是中华优秀传统文化的重要内容。各个流派对于德的内涵有不同的理解，如儒家主张仁爱为核心，强调人与人之间的和谐相处；道家倡导清静无为，关注人本真个性的保持；墨家主张兼相爱、交相利；佛学强调多行善、积善行德。

在中国传统社会，道德被认为人的本质属性，朱熹认为道德规范是人区别于物的关键。然而，这一观点背离了唯物主义立场，因为人是一种客观存在，具有物质性。道德是由社会关系决定的，并随社会变化而变化。在阶级社会中，人是阶级的人。

道德规范的实践和约束力取决于个体的践行。儒家强调重行、反思，认为道德规范只有在实际践行中才能成为德行和德性的一部分。孔子、孟子等儒家思想家主张通过内省、反思来培养道德品质，实现人的自我完善。朱熹、王守仁等后世儒家学者也强调了道德认识和实践的关系，认为道德行为离不开道德认知的指引。

总之，中华优秀传统文化高度重视道德问题，各个流派有不同的道德观念。儒家强调践行道德规范，通过内省、反思来培养道德品质。道德教育应汲取各流派的精华，促使个体在社会生活中不断修身、养性，以实现自身价值与和谐共处。

（三）重学与教化

中国古代儒家思想家，如孔子和孟子，都非常重视学习和教化。孔子的学习思想包括虚心好学、以学为乐、实事求是的学习态度及学思结合的学习方法。他主张平等对待每位学生，注重人的全面发展，并倡导六艺教学。孟子继承了孔子的教育思想，并更加重视教育的作用，认为教育是人区别于物、贤与不肖相区别的原因，教育对人的熏陶和伦理纲常的延续具有重要作用。

儒家将重视学习和教化的思想付诸实践，如开办私学、游说讲学等。然而，儒家的教育教学思想也存在一定的片面性，如过于重视人文学科，忽略自然科学的学习，注重道德品行的陶冶，但不注重生产技能的训练等。在现代教育中，我们应借鉴儒家的有益教育思想，同时关注学生的全面发展，注重培养学生的创新精神和实践能力。

（四）人格独立与人格平等

在中国传统文化中，独立人格的培养被视为重要任务。孔子强调"三军可夺帅也，匹夫不可夺志也"，要求不能强迫个人放弃其志向。孟子提出做人要做"大丈夫"，具备独立的人格，不受富贵、贫贱、强威的影响，勇于坚持自己的原则。儒家认为，每个人都有独立的人格价值，并提出人格平等的思想。

儒家思想家们的观点对塑造人的主体精神和向上的人生态度具有积极意义。孔子提倡"仁者爱人"，孟子认为"人皆可以为尧舜"，荀子则表示"涂之人可以为禹"。这些观点都表明，在人格面前，每个人都是平等的。

然而，儒家在强调独立人格的同时，过分夸大了道德因素的作用，忽略了经济制度和政治制度的影响。在制度不平等的社会中，人很难形成独立人格和理想人格。

总之，中国古代思想家关于修身的思想丰富多样，对现代大学生教育具有重要的借鉴意义。我们应在发扬光大的同时，注意结合现实社会，关注经济制度和政治制度的影响，以培养具有独立人格和理想人格的新一代。

二、修身教育对道德形成、发展规律的借鉴

（一）道德认识的提高

道德认识是人们对个人与社会他人关系及一定社会或阶级调节关系的理论、原则、规范等的了解和掌握。它包括感性认识和理性认识，旨在把握道德观念和范畴，以及根据道德原则和规范对社会现实道德关系和行为进行评价。道德认识是学生形成和发展自身品德的认识基础，有助于培养道德义务感、增强善恶辨别能力及提升良知感。

道德观念、道德信念和道德评价能力的形成是道德认识的关键。道德观念是对是非的基本判断，道德信念是道德认识的深化，道德评价能力是对道德行为进行肯定或否定判断的能力。在引导学生道德信念的过程中，要了解学生的内在道德坚持，端正其道德认识，增强其道德情感，使其形成坚定的道德信念。

提高学生的道德认识，特别是初中阶段，对良好道德品质的形成具有重要意义。大学阶段，个体品德发展趋于稳定、成熟，但仍具有可塑性和可变性，易受外界因素影响。因此，在教育过程中要因材施教，提高学生的道德认识，结合正面教育和鼓励教育，坚定学生向先进看齐的意志和信念。

（二）道德情感的培育

道德情感是人类特有的一种高级情感，基于道德认识而产生。它是对道德关系和道德行为进行认识和评价的基础上形成的爱好或憎恶的情感态度。道德情感在形成道德行为中起到催化作用，其推动力远大于道德认识。稳定、高级的道德情感能量巨大，能促使学生履行应有的道德义务。

培养学生的道德情感应注意三个方面。首先，创设良好的环境，包括班级、宿舍和校园环境，以潜移默化的方式激发学生相应的道德情感。其次，在培养方式上，注重引发学生的感情共鸣。教师应以身作则，为人师表，以情感人，成为学生的良师益友。在讲述和评价道德行为时，应带有明显的情感倾向性，尤其在奖惩、褒贬时，态度要鲜明，以激起学生的共鸣。最后，激发学生对榜样的敬慕之情，宣传先进、弘扬典型，鼓励学生多接近优秀教职员工和优秀学生，引导学生体验道德活动所获得的愉悦和满足，以发展他们深厚的道德情感。

（三）道德意志的锻炼

道德意志是完成道德行为的关键力量，它在道德认识和道德情感的支配下，能克服困难和干扰，坚定地遵循道德规范。在实践中，人们需要道德意志来面对诸如担心自身麻烦、他人评论等顾虑，以及在恶劣环境中坚守道德底线。道德意志具有顽强的力量，能帮助个体克服各种阻碍和制约。

培养学生道德意志的过程中，教育者应关注两方面。首先，培养学生的坚持性和自制力，这是道德意志的主要特征。不同年龄和身心条件的学生在这两方面会有所差异，如大学生比初中生自制力更强。其次，教育者要关注班级道德风貌对学生道德意志的影响。在良好的班集体中，学生更容易遵守纪律、自觉支配道德行为。因此，建立优秀的班集体是发展道德意志的重要条件。

针对学生道德意志的培养，教育者应采取三方面措施：一是严格要求创造优秀班集体，如确定集体奋斗目标、培养优秀班干部、开展有计划的活动等；二是培养学生的自我约束能力，教育者应针对学生意志特点，培养他们的自我意识，使他们在行为上能自我认识、自我约束、自我克制；三是因材施教，针对学生个性差异进行有针对性的锻炼。这些措施将有助于学生道德意志的发展，使他们更好地践行道德行为。

（四）道德行为的培养

道德行为是指履行道德义务的具体行动，它是衡量人们道德修养水平的重要标志。一个人的品德如何，主要取决于其行为表现。在学生品德发展中，道德行为具有极为重要的作用。只有在遵循道德规范的活动中，学生的品德才能得到全面发展。

学生的道德行为习惯与其世界观、人生观、价值观的萌芽和形成是相互统一的。养成良好道德行为习惯对大学生的品行修养具有重要的影响作用。

在对学生进行道德行为的培养过程中，教育者应关注三点：首先，注重学生道德行为方式和技能的掌握，使学生深入了解行为准则，深刻理解道德行为情境，同时培养学生的道德智力水平，让他们能在道德问题上进行自主抉择；其次，教育者要关注学生道德行为习惯的养成，这可以通过提供榜样、在生活实际中进行引导、批评和纠正不良习惯等方式来实现；最后，培养学生的勇气和决心，帮助他们提高与不良习惯作斗争的能力。

通过以上措施，教育者可以有效地培养学生的道德行为，促进他们在品德发展方面取得更好的成果。同时，这也将有助于大学生在世界观、人生观和价值观方面形成正确的认识，从而提升其品行修养。

三、大学生修身教育的基本理念

（一）以人为本

以人为本是科学发展观的核心，对大学生修身教育具有重要的指导作用。以人为本的发展理念要求教育工作者以人的方式把握和理解人，肯定人的主体作用和地位，以及尊重人、理解人、关心人、发展人。在大学生修身教育中，以人为本的具体表现主要包括三个方面：以大学生为实践主体，注重学习实践和社会实践活动；以大学生为价值主体，关注大学生的物质和精神的需要，开展权益维护教育和心理健康教育；以大学生为发展的主体，促进大学生的全面发展和健康成长，引导他们正确认识和处理片面发展与全面发展的关系，以及现实发展与持续发展的关系。以人为本的发展理念要求教育工作者从以下三个方面落实。

（1）以人的方式把握和理解人。这是一种思维方式，强调在看待外界事物和问题时，既要坚持历史的尺度，也要确立人的尺度，把人看作一切事物的根据和本质。在大学生修身教育中，这意味着要充分认识到每个学生都是自己命运的主宰者和规定者，在与他人主体的相互联系、相互交往中生成并实现自身的价值。

（2）肯定人的主体作用和地位。马克思多次阐明，人是历史的真正创造者，是推动社会发展的根本动力。在大学生修身教育过程中，要充分认识和尊重人的自觉性、积极性、能动性和创造性，肯定人在社会中的主体作用和地位。

（3）以人为立足点，尊重人、理解人、关心人、发展人。以人为本是一个内涵丰富的哲学范畴，其基点是把人作为根本的价值取向和评价尺度。在大学生修身教育中，这意味着要把具体的、现实的人作为教育的出发点和中心，关注大学生的全面发展，引导他们正确认识和处理各种关系，促进彼此间的相互理解、相互关心、相互帮助。

在大学生修身教育中，以人为本的具体表现主要包括以下三个方面。

（1）以大学生为实践主体。教育工作者要注重将修身教育融入大学生的学习活动之中，使学生明确学习目的和科学知识的价值，培育严谨治学的精神和不懈追求真理的志向，树立良好的职业道德和职业精神。同时，要积极引导学生参加社会实践活动，将所学习和掌握的科学理论知识用于指导和推进社会实践活动。

（2）以大学生为价值主体。教育工作者要关注大学生的物质和精神的需要，引导他们正确认识和满足自身的需要，实现自身的价值。这包括开展权益维护教育和心理健康教育，帮助大学生克服心理障碍，形成健全的人格。

（3）以大学生为发展的主体。教育工作者要促进大学生的全面发展和健康成长，使其在德、智、体、美诸方面得到全面发展。通过深入了解和认识发展规律，大学生可以实现自身的可持续发展，从而更好地应对人生的挑战。

（二）生活育德

个体道德素质的产生与完善在于社会生活。大学生修身教育需回归现实生活世界，从主体现实出发，通过生活实践活动唤醒道德意识。在回归过程中，要处理好个体主观情感与客观理性之间的关系，注重激发道德情感，使理性与情感相统一和融合。

个体道德素质的形成与社会生活紧密相连。在实际生活中，人们进行生产实践和人际交往，产生诚实、守信等道德观念，并逐渐成为个人品性的一部分。大学生修身教育要回归现实生活世界，关注个体的现实需求，通过生活实践活动促进道德意识觉醒。

在回归生活世界的过程中，需要处理好大学生个体的主观情感与客观理性之间的关系。人的理性、情感和欲望并非截然对立，而是相互需要、相互渗透的。理性和激情（情感）在道德素质和行为中具有无可比拟的作用。

大学生修身教育既要注重理性知识的传授和理性思维能力的培养，也要关注情感陶冶和意志锻铸。只有道德理性和道德情感相统一和融合，才能形成良好的道德行为。教育者要引导受教育者掌控和协调好自身的理性和情感之间的关系，既要提高理性认识，也要运用情感陶冶、意志锻铸的方式，做到以情载理、以情明理、情理交融。这样，在外部现实性的道德实践中，个体才能完善道德人格，培养高尚的道德素质。

（三）道德学习

道德学习与道德教育紧密相连，强调人性化、自主性和全面性。它倡导学生成为教育的主体，注重师生关系平等，共同学习。道德学习旨在促进个体德性发展，帮助学生满足自我精神需要，提升精神生活质量。

全面道德学习涉及人与自我、人与他人、人与社会、人与自然等各方面的道德关系。道德学习也是整体性的学习，旨在促进人的整体素质发展，包括理智、情感、道德、心理等方面的提升。

自觉、积极的道德学习是大学生自我实现、主动迎接社会变革的表现。大学生应以主动积极的姿态，不断自觉更新自我，热情迎接未来。在社会实践及学习中，大学生应不断摒弃落后的、陈旧的价值观念和行为方式，代之以新的价值观念、思考方式、情感方式、行为方式，从而掌握自身持续发展和促进社会持续发展的主动权。

道德学习最重要的不是了解一系列社会规范、道德原则，而是学习社会批判，培养自己的道德能力，特别是在多元价值并存的情况下，培养自己的道德判断能力、自主选择能力。这样的道德学习有助于大学生在不断发展的过程中，更好地适应社会生活，提高自身道德素质。

四、大学生修身教育应遵循的原则

（一）坚持"重在实践"方针

中共中央印发的《公民道德建设实施纲要》强调，公民道德建设的过程需结合教育和实践。开展大学生修身教育时，要坚持实践途径，突出道德实践在修身教育工作中的重要性。道德实践有助于大学生在自觉参与活动中陶冶情操，为修身教育工作取得实效奠定基础。

道德素质形成、发展于社会生活实践，大学生修身教育需通过特有的方式面对生活，实现自身发展并发挥对现实的超越作用。生活实践世界是大学生修身教育存在价值和意义的源泉。

大学生修身教育的"重在实践"方针是提升大学生道德境界的重要保证。道德实践中，教育者要关注学生道德素质的养成，包括道德认识的形成、道德情感的培育、道德意志的发展、道德行为的塑造等各个方面。实践在道德认知和行为之间发挥着关键作用。一方面，认识主要来源于实践，实践是认识产生的源泉和发展的动力，在实践中体验道德要求，形成道德感，提升道德素质；另一方面，实践是认识的目的，是检验认识的标准，只有通过生动具体的道德实践，道德认识才能逐步升华为相对稳定的道德行为，达到知行统一的目的。

道德建设应将理论与实践相结合、知与行相结合，引导人们积极投身于修身教育实践，在实践中不断提升自身道德思想境界。

（二）集体教育和个别教育相结合的原则

1. 集体教育和个别教育相结合的原则的依据

社会主义学校教育的目标决定了大学生应具备中国特色社会主义的合格建设者和可靠接班人的素质，以及强烈的集体主义精神。为实现这一目标，大学生集体教育至关重要。大学生的生活和学习活动在很大程度上是在集体中进行的，集体在培养大学生思想品德方面具有特殊地位和作用。

在集体环境中，大学生相互学习、相互帮助、相互影响和相互教育，集体成为巨大的教育力量。集体为大学生的兴趣爱好和个性特长发展提供便利条件，关怀、爱护和帮助后进者，成为他们转化的内在动力。集体荣誉感使成员共同激励、监督、提高和进步。

大学生思想发展受到内部矛盾运动的推动，大学生的思想矛盾具有普遍性和特殊性。教育目的、教育内容及大学生基本情况的一致性使得教育普遍在集体中进行。然而，大学生间的思想矛盾表现出不同形式、特点和程度上的差异。因此，在进行修身教育工作时，要考虑每个大学生的特殊性，具体问题具体分析，针对性地进行深入细致的修身教育。这样的教育方法往往能取得明显的教育效果，并对集体教育产生积极影响。

2. 贯彻集体教育与个别教育相结合原则的要求

贯彻集体教育与个别教育相结合原则要求重视培养和教育大学生集体，发挥其教育功能，关注集体建设和活动，同时关注个别大学生的教育，实现集体与个人的协调发展。实施集体教育与个别教育相结合的原则，需要注意以下三点。

（1）培养和教育好大学生集体，发挥其教育功能。这需要重视建立健全大学生集体，精心组织和培养，使其具备共同的奋斗目标、坚强的领导核心、健康的集体舆论、严密的组织规律和优良的传统作风。集体在大学生修身教育工作中起到重要作用，思想政治工作者应关心大学生集体的成长，指导和帮助开展集体活动，提高集体的自身教育能力。

（2）重视发挥大学生集体在教育中的作用。大学生集体不仅是教育对象，而且是教育的力量。在集体共同利益和荣誉感的驱动下，集体成员之间会相互激励、示范、比较和监督，共同进步。因此，要通过有计划、有目的的集体活动教育每个大学生，发挥集体的教育作用。

（3）进行个别教育，将集体教育和个别教育结合起来。要注意处理好集体与个人的关系，在集体中既有统一的要求和活动，又有个人独立思考和活动交往。针对每个大学生的个性特点和特殊性问题进行个别教育，通过个别大学生的教育成果推动集体教育。

贯彻集体教育与个别教育相结合原则，能使大学生修身教育工作更加有效，培养具有集体主义精神、团结友爱和良好作风的集体成员。

（三）身教与言教相结合，身教重于言教原则

1. 身教与言教相结合，身教重于言教原则的依据

在大学生修身教育工作中，身教与言教相结合具有重要意义。一方面，教育者通过言教和身教进行说服和教育。言教主要包括谈话、演讲、文章等形式，而身教则通过自身行为、举止和实际行动为学生做出表率；另一方面，身教重于言教，因为教育者的模范行为能更具说服力地影响和教育学生。

身教与言教相结合的原则源于党的思想政治工作优良传统。无论在革命战争年代还是和平建设时期，党的思想政治工作都注重以身作则，率先垂范。在学校，广大教师教书育人，为人师表，以自己的政治态度、治学风格、思想品德、言行作风对学生产生潜移默化的影响。

大学生修身教育工作要求教育者遵循身教与言教相结合的原则。只有以身作则，率先垂范，才能有效地影响和教育大学生，促进他们进行自我教育和相互教育。身教是无声的但却很有效的思想政治工作，身教与言教相结合，身教重于言教，这是大学生修身教育工作具有战斗力、吸引力和说服力的保证。同时，这也是大学生思想政治工作者应当具备的基本品质。

2. 贯彻身教与言教相结合，身教重于言教原则的要求

贯彻身教与言教相结合、身教重于言教的原则，思想政治工作者须以模范行为为大学生做出榜样。这要求工作者具备良好的思想政治品德修养、扎实的知识和能力，使自己在各方面比教育对象强一些、高一些。以身作则、为人师表，使大学生心悦诚服地接受教育，提高觉悟，达到思想政治工作目的，这需要工作者具备以下素质。

（1）良好的思想政治品德修养。思想政治工作者应具备坚定的政治信仰、高尚的道德品质和严谨的作风，以展现自己在政治品德方面的优势。

（2）扎实的知识基础。思想政治工作者要具备广泛的知识储备，才能在教育过程中为学生提供有价值的指导，使学生信服地接受教育。

（3）较强的能力。思想政治工作者应具备较强的教育、组织、沟通和协调能力，以便在教育实践中更好地发挥作用。

（4）为人师表。思想政治工作者要以身作则，在日常生活中表现出高尚的品质、严谨的作风和积极的态度，使大学生心悦诚服地接受教育。

（5）关注大学生的需求。思想政治工作者要关注大学生的成长需求，切实帮助他们解决学习和生活中遇到的困难和问题，使他们在大学生教育过程中得到成长和提升。

通过以身作则、为人师表的表现，思想政治工作者能够更好地影响和教育大学生，帮助他们树立正确的世界观、价值观和人生观，培养成为具有理想、道德、文化和纪律的社会主义新人。身教重于言教，无声的行动比漂亮的口号更具有说服力，使大学生在思想政治工作中得到真正的心灵洗礼。

五、拓展大学生修身教育的方法与途径

（一）发挥主渠道作用，扩展新路径

为了提高大学生修身教育的实效性，需要探索多样化的教育方法和途径。在此过程中，充分发挥学校思想政治理论课的主渠道作用，完善教育理念，加强思想道德教育，建立健全规章制度，以及利用新媒体拓展新方

法至关重要。

（1）树立科学的教育理念。教师的教学行为和育人行为受教育观念的影响。在教学过程中，教师应树立以人为本、全面发展、科学化、改革创新等基本理念，并在现代化教育过程中关注素质教育。

（2）加强思想道德教育。引导学生对自己的行为有更清晰的了解，把握思想行为发展规律。通过加强大学生的思想道德教育，使道德观念升华为自身良好规范，增强明辨是非、识别美丑的能力。

（3）建立健全规章制度。重视规范和制度在良好思想道德习惯形成中的作用。高校应根据学生思想行为特点，制定可行性强的规范，形成制度，并在实践中不断完善和发展。

（4）利用新媒体拓展新方法。引入信息化、自动化理念，充分利用网络平台宣传思想政治理论课内容，丰富教学形式。同时，加强新方法的拓展，邀请校外专家学者讲学，提高大学生的理论水平和道德素养。

在注重主渠道教育的同时，还要重视隐性教育，拓展新路径。通过实践活动引导学生思想道德品质的形成，使学生学会正确认识自己、客观评价社会、科学理解时事形势，并将所学知识内化为自己的行为准则。将显性与隐性教育相结合，开展实践活动，实现知与行的统一。

（二）全过程育人

全过程育人旨在将修身教育贯穿于大学生从入学到毕业的各个阶段，确保育人环节紧密相连。在不同阶段，教育重点有所不同，但始终保持贴近实际、生活和学生的原则。

（1）入学阶段。新生对学校了解不足，需重点进行校风、校纪和理想信念教育。学校要详细介绍校情、课程设置等，帮助学生熟悉学校环境。同时，加强安全教育和学籍管理等内容的讲解，使学生对大学生活有大致了解。此阶段要引导学生树立理想信念，明确自身责任，规划大学生活。

（2）培养阶段。大学生虽有一定道德认知，但仍处于不成熟阶段。此阶段侧重道德养成教育，培养良好的思想道德观念和行为方式。重视环境的影响，创造干净、整洁、优雅的校园环境，加强校园文化建设。同时，强调道德实践，促使学生在实践中认识自身问题，养成良好的行为习惯。

（3）就业阶段。毕业就业阶段，大学生面临压力加大，需重点进行职业道德教育。学校可通过讲座、讨论、模拟招聘、社会实践等活动，培养学生的职业道德和心理素质，使其具备良好的社会适应能力。教育学生认清就业形势，合理进行职业预期，选择擅长且符合自身优势的职业。同时，加强学生职业道德教育，使其在择业过程中具备良好品行，有利于职业发展。

构建高校基层"三全育人"（即全员育人、全程育人、全方位育人）新格局是大学生修身教育工作的实践指导。加强这一格局的构建，提高大学生修身教育理论和实践水平，切实提升高校大学生修身教育工作的实效性。

（三）强化"三育人"

所谓"三育人"，是指教师的教书育人、干部的管理育人和后勤系统的服务育人的统筹协调。在大学生修身教育工作中，这三个方面共同构成了一个全方位、多层次的教育体系。

1. 教书育人

教书育人是教师肩负的神圣职责，其中教书注重知识传授和技艺指导，而育人则着重于大学生品德培养、心智开发、情操陶冶和精神架构。

作为教学活动的组织者和教学计划的实施者，教师在教育教学过程中具有主导地位，其教育教学水平对学生知识、技能的获取具有重要意义。教学内容、教学进度和计划受到社会历史条件的制约，但教学方法、教学模式等方面主要由教师掌控，需要不断探索和创新。

教书与育人是相辅相成的两个方面，二者相互促进，共同构成教师工作的核心。育人目标决定教书的内容、形式和目的，而教书质量则影响着育人效果。在育人过程中，教师要秉持"育人为本，德育为先"的理念，关注学生全面发展，从学生实际出发，发展学生智力、培养学生能力，促进意志、能力、兴趣等非智力因素的发展，推动学生各方面素质的全面发展。

为更好地履行教书育人的职责，教师要在教学过程中注重德育，激发学生内在动力，帮助他们树立正确的世界观、价值观和人生观。教师应关注学生的个性差异，因材施教，创新教育教学方法，以提高教学质量和育人效果。通过教书育人，教师为大学生成长成才奠定坚实基础，为国家和社会培养出德智体美全面发展的社会主义建设者和接班人。

2. 管理育人

管理育人与教书育人一样，是高校育人的重要方面和途径。管理的核心是对人的管理，引导人朝着一定的方向努力。因此，做好管理的第一步是做好人的思想工作，使学生接受管理的理念和规范。

大学生思想品质和良好行为方式的形成，需要通过管理来实现。管理手段包括规章制度、校园秩序管理、宿舍管理、奖惩管理等方面。这些管理和制度对学生产生基本的规范作用，有助于培养良好的道德品行。管理育人的途径主要包括四种。

（1）学籍管理。作为教育教学管理的基础，学籍管理包括学分管理、选课管理、考试管理、实践管理等，这些管理贯穿学生学习全过程，使学生学习更有计划性。

（2）校园秩序管理。保证学校教育教学工作处于良好环境和氛围，影响校园秩序的因素包括校园文化环境、校园物质环境、学校办学理念、教育思想等。做好校园秩序管理，对学生产生潜移默化的影响。

（3）宿舍管理。宿舍是学生基本生活场地，宿舍管理体现在舍风、卫生、设施管理等方面。舍风是宿舍群体成员的精神面貌、做事风格、人际关系等的总和；宿舍卫生是宿舍文明的表现，反映大学生的文明修养。

（4）奖惩管理。通过建立健全规章制度，使学生明白什么该做、什么不该做，清楚了解学校的奖惩制度，树立遵纪守法、遵守规章制度的思想观念。

管理育人要求工作规范化、科学化、民主化，形成高效的管理制度。首先，建立健全规章制度，约束学生行为，树立遵纪守法意识。其次，将管理与思想政治工作相结合，深入了解学生思想动向，帮助解决问题。再次，营造和谐、民主的教育氛围，与管理相结合。最后，引导学生自我管理，促进思想行为的转变。

通过管理育人，高校可以培养具有良好道德品行、全面发展能力的社会主义建设者和接班人。全体管理人员要积极投身于育人事业，以实际行动为学生的成长和发展贡献力量。

3. 服务育人

服务育人主要是指学校服务部门和人员通过为学生提供优质服务，从而达到教育目的的过程和方法。服务工作与学校教学工作、管理工作同等重要，其服务功能和育人功能相辅相成。从育人角度审视服务工作，可以发现其独特意义，并激发服务人员的工作积极性和责任感。

优质服务是实现育人目的的关键。在学校日常学习和生活中，学生与服务工作人员接触频繁，受到其行为方式、言谈举止的影响。因此，服务人员要严格要求自己，树立良好榜样，为学生营造文明的氛围。

高校服务工作是教学、科研和师生员工生活的重要保障，为学生学习和生活提供可靠的物质保障，为学生的全面发展提供实践条件。为了实现服务育人的目标，高校应不断加强服务队伍建设，在完成服务工作的同时，注重培养学生的品德、能力和素养。

通过服务育人，高校可以进一步提升学生的思想道德素质，培养具有全面发展能力的社会主义建设者和接班人。

（四）创新大学生修身教育的方法

1. 以社会服务思想为引领，发展大学生修身教育的社会工作方法

学校社会工作模式起源于 20 世纪的美国，以家庭教师访问形式为开端，逐渐发展为个案工作，最后形成一种具有优势和效果的教育模式。这种模式突出表现在对特殊学生进行教育和深入了解学生两个方面，具有学校课堂教学难以取得的优势。在我国，部分高校开始尝试运用社会工作模式进行修身教育。这种模式具有以下特点。

（1）服务理念。将社会工作的服务理念引入大学生修身教育，提供近

距离、贴心的服务，加强大学生的服务意识。

（2）个体服务意识。结合大学生群体教育与个体教育，针对个体开展工作。思想政治工作者要充分分析大学生的个体差异，找出具体教育方法，尊重每个人的个性。

（3）小组工作方法。借鉴社会工作中小组工作方法，成立小组，加强大学生之间亲密关系的构建，通过团队协作共同解决问题，共同成长进步。

（4）个案工作方法。借鉴社会工作个案工作方法，解决大学生遇到的实际问题。如通过访谈、网络交流、记录等方式缓解大学生人际交往压力，同时引入心理治疗模式，人机调适模式、行为治疗模式、人本治疗模式等。

引入社会工作模式，加强修身教育育人作用，是对大学生教育的一种新的探索和尝试。全体教育工作者要深入研究和借鉴社会工作理念，充分发挥其在大学生修身教育中的优势，为培养具有良好道德素质和社会适应能力的社会主义建设者和接班人贡献力量。

2. 以协同理论为借鉴，发展大学生修身教育的协同式方法

修身教育方法需要向立体化、全方位发展的方向迈进。在我国，修身教育面临着"5＋2＝0"的现象，即学校五天的正面教育效果往往会被学生两天在社会中接触到的负面信息所抵消。因此，为了提高修身教育的成效，需要从以下五个方面共同努力。

（1）形成合力。除了加强学校内部的修身教育外，还要重视家庭和社会教育的角色。家庭教育是修身教育的基础，社会教育则是修身教育的延伸和补充。要将家庭教育、社会教育与学校教育紧密结合，形成相互支持、

相互促进的格局。

（2）优化师资队伍。在学校修身教育中，要倡导"大学工"的工作理念，即将相关学科的专家，如心理学、社会学等方面的学者，纳入修身教育的队伍中。这样能丰富修身教育的内涵，提高其实效性。

（3）全方位教育。注重修身教育的全面性，关注学生品德、能力、素养等多方面的发展。通过课程教学、实践活动、心理健康教育等方式，培养学生健全的人格、正确的价值观和积极向上的心态。

（4）强化实践环节。将修身教育与实际操作相结合，让学生在实践中感受、体验修身教育的真谛。通过参与志愿服务、社会实践活动等，让学生将所学知识内化为自身行为，提高自身修养。

（5）创新教育方法。积极探索适合现代大学生特点的修身教育方法，例如，利用网络平台开展教育，运用大数据分析学生需求，实施个性化教育等。

通过以上措施，有望提高大学生修身教育的实效性，培养出具有全面发展素质的社会主义建设者和接班人。

第七章　大学生教育的队伍建设

在新的历史时期，科技进步飞速，综合国力不断提升，国际局势发生深刻变化，竞争越发激烈。在这样的背景下，党和国家提出了建设高素质专业人才队伍和领导干部队伍的人才战略。

高校肩负着培养社会主义建设人才的重要任务，大学生教育作为社会主义大学的核心特征，在全面发展的教育中占据主导地位。大学生教育的效果直接影响着人才培养质量和社会主义和谐社会的构建。

加强大学生教育队伍建设是做好大学生教育工作的根本保障。要实现大学生教育队伍的"事在人为"转变，即让这支队伍真正成为大学生教育事业的有力推动者。这支队伍的状况直接关系到大学生教育目标的实现。

第一节　大学生教育队伍建设的指导理论

一、有关教育者的属性和作用的论述

（一）马克思对教师劳动意义的论述

马克思认为教育对于改变人的本性、培养具备特定技能和成为专业劳

动力具有重要意义。在《马克思恩格斯选集》中，他指出："要改变一般人的本性，使他获得一定劳动部门的技能和技巧，成为发达的和专门的劳动力，就要有一定的教育或训练。"此外，马克思还强调："最先进的工人完全了解，他们阶级的未来，从而也是人类的未来，完全取决于正在成长的工人一代的教育。"

马克思主义理论认为，生产力是人类社会关系变革的根本原因。这表明，教育不仅是劳动能力的生产和创造过程，而且是改变社会条件、实现人类解放的重要手段。在这个过程中，教师作为教育活动的承担者，对于促进人才成长和社会进步具有不可替代的作用。教师劳动的创造性体现在以下四个方面。

（1）激发学生潜能。教师通过因材施教、激发学生兴趣，帮助学生发现和发挥自身潜能，成长为具有独立思考和创新能力的人才。

（2）传递先进文化。教师承担着传承和弘扬先进文化的使命，引导学生树立正确的世界观、价值观和人生观。

（3）培养社会责任感。教师通过教育引导学生关注社会问题，培养他们的社会责任感，使他们成为对社会有益的人才。

（4）促进社会公平。教师在教育过程中，关注弱势群体，促进教育公平，为社会的和谐发展贡献力量。

总之，教师劳动的意义在于培养全面发展的人才，推动社会进步和人类解放。在新时代背景下，我们要充分发挥教师的作用，为全面建设社会主义现代化国家、实现中华民族伟大复兴的中国梦贡献力量。

（二）马克思关于教育者的劳动属性的论述

马克思认为，教师作为从事脑力劳动的无产阶级，在阶级属性上具有重要意义。虽然教师的劳动不属于直接创造物质财富的生产劳动，但它对生产劳动具有巨大的指导作用，是一种劳动的再生产和再创造。

在资本主义社会中，资产阶级将医生、律师、教师等职业变成了它出钱招雇的雇佣劳动者。然而，教师的劳动具有巨大的创造性，能创造剩余价值，其社会价值难以估量。教师劳动的创造性体现在以下四个方面。

（1）教学方法和创新。教师在教学过程中，不断探索和创造新的教学方法、策略，以提高教育教学质量。

（2）知识再发现和创造。教师在教学实践中，不断发现和创造新知识，丰富教育教学内容。

（3）教学活动中的知识创造。教师与学生互动，激发学生的创造力和潜能，实现知识的共同创造。

（4）培养人才。教师通过教书育人，培养具有独立思考、创新能力和社会责任感的优秀人才，为社会发展贡献力量。

总之，教师劳动是一种创造性的非生产性劳动，对于社会发展具有不可估量的价值。在新时代背景下，我们要充分认识到教师劳动的重要性，尊重和支持教师的工作，为培养德智体全面发展的社会主义建设者和接班人贡献力量。

（三）马克思关于教师劳动报酬的论述

马克思认为，教师的劳动属于复杂的精神劳动，具有高度创造性。在劳动价值理论中，他提出"少量的复杂劳动等于多量的简单劳动"，这意味着复杂劳动在价值上应得到更多的体现。

因此，在计算教师劳动报酬时，应以复杂劳动为基本尺度，使其在量上倍加于简单劳动。这种对教师劳动的量化分析丰富了教师社会价值的内涵。

在 20 世纪 40 年代，苏联在实施教育改革时，联（共）部依据马克思的劳动报酬理论，提出如何处理教师创造性劳动报酬的问题，他们的基本方法如下。

（1）给予高水平的教师高额报酬。认可他们在教育工作中所展现的高水平能力和创造性成果，从而激励更多教师追求专业发展。

（2）给予自愿加班的教师高额报酬。表彰他们在原有工作基础上，自愿付出额外时间和精力，为教育事业作出更大贡献。

这种做法旨在鼓励教师发挥创造性，提高教育质量，培养更多优秀人才。

总之，马克思的劳动价值理论为教师劳动报酬提供了理论依据。在新时代背景下，我们要充分认识到教师劳动的价值，合理制定教师报酬政策，激发教师创造力，为教育事业贡献力量。

二、关于大学生教育队伍建设基本方法论述

恩格斯在评论门捷列夫发现元素周期表时，指出他巧妙地应用了黑格尔的量转化为质的规律。这一发现被誉为科学上的伟大成就，可与勒维烈计算海王星轨道的成就相提并论。

这一论断充分肯定了门捷列夫的巨大贡献，同时强调了唯物辩证法在人类认识自然界过程中的重要作用。

马克思和恩格斯从人才成长规律和唯物主义认识论的角度出发，探讨了大学生教育管理队伍建设的根本方法。他们认为，理论与实践是人与自然全面发展的关键途径，二者相互依存、相互促进。在这个过程中，教育成为青年人获取理论认识的重要渠道。因此，在大学生教育管理队伍建设

中，我们需要关注以下五个方面。

（1）理论教育。加强马克思主义理论教育，提高队伍成员的思想政治觉悟，确保他们坚定信仰和正确价值观。

（2）实践锻炼。鼓励队伍成员参与实际工作，积累经验，提高解决实际问题的能力。

（3）专业培训。定期组织队伍成员进行专业培训，提升教育教学水平，适应新时代教育发展需求。

（4）激励机制。建立合理的激励机制，调动队伍成员的积极性和创造力，为教育事业贡献力量。

（5）团队协作。加强队伍成员间的沟通与合作，共享教育资源，共同提高教育教学质量。

通过以上措施，可以培养一支大学生教育管理队伍，为全面提高教育质量、培养德智体全面发展的社会主义建设者和接班人提供有力保障。

第二节　大学生教育队伍的构成与素质能力要求

大学生教育队伍在承担教育重任时，须具备良好的教育设计、实施、检查和总结能力。这个队伍的构成和成员能力是关键因素，直接影响着大学生教育的质量和效果。因此，选拔和培养一支高素质的教育队伍对于提升我国大学生教育水平具有重要意义。队伍成员之间应相互协作，共同为提升大学生教育水平而努力。在教育过程中，不断总结经验教训，优化教育方法，为我国培养更多优秀人才。

一、大学生教育队伍的构成

大学生教育队伍的构成是指整个团队由哪些部分组成及如何组合。不同的构成产生不同的功能，优秀的构成带来高效的功能。从系统论角度看，一个团队的功能主要取决于两个基本要素：一是各组成部分的质量，二是各部分之间的组合方式，即团队的结构。因此，要探讨大学生教育队伍的职能，首先需要深入了解其构成。根据不同标准，大学生教育队伍的构成可以分为多种类型。这些类型各有特点，共同影响着教育队伍的整体效果和大学生的教育质量。深入研究这些类型，有助于提升大学生教育队伍的建设和管理水平。

（一）人员结构

大学生教育队伍的人员结构是指团队中各类人员的配置情况。在我国，大学生教育队伍主要由两部分人员组成。这两部分人员共同肩负着大学生的教育任务，相互协作，为提升大学生教育质量贡献力量。分析这支队伍的人员结构，有助于了解大学生教育的现状和未来发展需求，从而为队伍的建设和管理提供有力支持。这两部分人员各自具有独特的优势和职责，共同构成了大学生教育队伍的多元化结构。通过优化队伍的人员结构，可以进一步提升大学生教育的整体水平和成效。

1. 专职人员

大学生教育的专职队伍是由一系列关键角色组成的，如学校党委副书记、思想政治理论课教师、哲学社会科学课教师、学生工作部人员、团委干部、院（系）党委负责学生教育工作的副书记、分团委书记、学生政治辅导员等。虽然他们在队伍中的数量不大，但却是大学生教育的中坚力量，起着主导作用，影响着整个教育队伍的功能优劣。因此，加强这支专职队伍的建设是提升大学生教育质量的关键。

大学生教育是一项兼具科学性和实践性的工作。为了确保教育质量，必须按照中央有关文件的要求，培养一支优秀的专职队伍。这支队伍应具备良好的理论修养和专业素质，掌握大学生教育专业知识及相关学科知识，具备较强的工作能力和研究能力。此外，还需关注这支队伍的专业化和职业化发展，使越来越多的专职人员成为大学生教育的专家。通过这支队伍的努力，有望提升大学生教育的整体水平和成效。

2. 兼职人员

兼职人员是指在承担其他业务工作的同时，担负大学生教育任务的人员，兼职人员有狭义和广义之分。

狭义兼职人员主要包括思想政治理论课兼职教师、兼职辅导员、兼职学生班主任、学生助管等。尽管他们只是用部分精力和时间来从事大学生教育工作，但他们却是教育队伍中的重要力量。

广义兼职人员则包括专职大学生教育人员之外的大学其他人员和社会上与大学生教育有关的人员。大学生教育是一项与业务工作紧密结合的群众性工作，因此，应将教书育人、管理育人、服务育人的全员育人理念和原则落实到教育队伍的建设中。这样既有利于调动广大教职工和学校各个职能部门来关心和参与大学生教育工作，也有利于将大学生教育与业务工作相结合。

大学生教育具有很强的社会性，除了发挥本校教育力量的作用之外，还应发挥社会各条战线、各个部门的教育力量，特别是新闻出版、影视部门的力量。高校可以有目的有计划地聘请一批校外人员来做大学生教育工作，使他们成为兼职队伍的一部分。实际上，已经有不少大学已经这样做了，并且取得了良好的教育效果。

社区的优秀退休人员也可以成为大学生教育的力量。各地的爱国主义教育基地、革命历史纪念馆等都能起到教员的作用。因此，从广义上理解，兼职人员具有广泛的社会性。大学生教育要依靠大家来做，全社会都应关心大学生教育工作。

大学生教育队伍的人员结构要求以专为主，专兼结合，功能互补。这意味着在队伍建设过程中，要注重专职与兼职人员的合理搭配，充分发挥各自优势，实现教育功能的全面覆盖。这样才能更好地提升大学生教育的整体水平和成效。

（二）知识能力结构

知识能力结构关乎大学生教育队伍的整体素质和效能。首先，队伍要具备合理的知识结构，包括扎实的马克思主义理论知识、大学生教育的专门知识和相关学科知识。根据大学的性质、专业特点及学生情况，队伍成员应有各自不同的知识构成，实现知识互补。

其次，大学生教育队伍应具备相应的能力结构，如整体获取、分析、预测、决策、组织、实施、宣传、协调、创新和科研能力。知识与能力相辅相成，知识是能力形成和发展的基础。能力的提高需要不断学习和实践，将知识应用于实际工作中。

大学生教育队伍的学历层次结构与知识能力结构密切相关。队伍应由多层次学历结构的人员组成，如本科、硕士等。不同类型学校的学历结构要求有所不同，如高职类大学学历结构可相对较低，而"985"类大学学历结构可适当提高。大学的学历结构应根据具体情况而定，总体趋势是层次较高的大学，其教育队伍的学历结构层次也较高。

优化大学生教育队伍的知识能力结构，有助于提升教育质量和效果。

在队伍建设过程中，要关注成员的知识结构和能力发展，鼓励他们不断学习、实践和创新，以实现教育目标的全面发展。

（三）年龄性别结构

年龄性别结构关乎大学生教育队伍的多样性和互补性。年龄结构包括老中青三个年龄段，分别承担不同教育任务。青年人多于中年人，中年人多于老年人的前进型结构有利于发挥各自优势和培养接班人。橄榄型结构因中年人占多数而有利于眼前工作，但不利于队伍未来发展。倒三角形结构问题较多，如难以胜任繁重工作、缺乏生气和开拓精神、不利于接班人培养。

性别结构方面，大学生队伍中男女成员应占有一定比例，以发挥性别互补效应。男大学生多的学校，队伍中男性成员比例较大；女大学生多的学校，队伍中女性成员比例较大。合理性别结构有助于提升队伍整体效能和大学生教育质量。

在大学生教育队伍建设中，要关注年龄性别结构的合理性。通过优化年龄结构和性别比例，调动队伍内部积极性，提高教育效果。同时，注重培养和选拔不同年龄段和性别的教育工作者，以实现教育事业的可持续发展。

二、大学生教育队伍的素质能力要求

（一）素质要求

大学生教育队伍在教育活动中发挥着关键作用，负责组织和实施教育过程，以及引导和规范社会成员对理论知识的学习和应用。为了履行这些职责，队伍成员应具备多方面的素质。

1. 政治素质

大学生教育任务在于以社会主义核心价值体系为指导，对社会成员进行教育。为实现这一目标，大学生教育工作者需具备个人魅力，引导学生信仰马克思主义，并使教学内容更具说服力和感染力。在此过程中，政治素质至关重要。

政治素质包括坚定的政治信仰、正确的理想信念、较强的政治敏锐性和较高的政治水平。坚定的政治信仰意味着站在无产阶级政党的立场上，维护党和人民的利益，拥护党的路线、方针、政策，为党的事业而奋斗。正确的理想信念则是坚定共产主义信念和社会主义信念，明确前进方向，战胜各种困难和挫折的信心。较高的政治敏锐性则表现为对时代前沿问题的观察和分析能力。

要具备较强的政治素质，教育队伍需具备较强的政治鉴别力和政治敏锐性，保持坚定的政治信仰和政治方向，在重大政治问题上不动摇、不犯错误，立场坚定地维护党的路线、方针、政策。同时，教育队伍的政治素质还体现在关注国内外重大新闻、时政热点和敏感话题上，以便及时了解社会动态，为学生提供准确的教育内容。

总之，大学生教育队伍的政治素质对于实现教育任务具有重要意义。通过提升队伍的政治素质，可以更好地引导学生信仰马克思主义，提高教育效果，为培养社会主义建设者和接班人奠定坚实基础。

2. 思想素质

作为大学生教育队伍，成员具备较高的思想素质至关重要，因为其言行潜移默化地影响着他人的成长。以身作则，保持言行一致，是教育队伍的基本要求。具体来说，大学生教育队伍的思想素质主要包括以下四个方面。

（1）科学的世界观和人生观。具备正确的价值观和人生目标，关注个体与社会的发展，以积极的心态面对生活和工作中的挑战。

（2）辩证唯物主义和历史唯物主义基本观点。理解并坚持辩证唯物主义和历史唯物主义，认识到社会发展的规律，从而更好地为社会主义事业服务。

（3）社会公德和家庭美德。具备高尚的道德品质，尊重他人，关心社会，积极参与社会公益事业，树立良好的家庭观念和家庭美德。

（4）职业道德素质。坚守职业道德，教书育人，关爱学生，勤奋敬业，为学生的成长和发展贡献自己的力量。

通过提升大学生教育队伍的思想素质，可以增强队伍的示范和引导作用，提高教育质量，为培养具有全面发展的社会主义建设者和接班人奠定基础。教育队伍成员应不断修炼自己，将思想素质融入日常工作和生活，以身作则，影响和带动周围的人们共同成长。

3. 科学文化素质

大学生教育队伍的科学文化素质至关重要，影响教育教学质量，具体包括以下三个方面。

（1）知识素质。教育队伍需具备本体性知识和条件性知识。本体性知识主要包括马克思主义基本理论、党建党史知识、中国特色社会主义理论等；条件性知识涉及教育学基本理论、社会学、政治学、教学设计、学科教材设计、学科教学方法和艺术等专业文化知识。此外，队伍成员还应在哲学、经济学、文学、历史学等方面有一定的涉猎。

（2）科学素质。包括科学精神、科学知识、科学方法和科学态度。科学知识是基础，指人们对自然现象和过程本质、规律的认识；科学方法是正确思维方法，提供认识世界的独特视角；科学态度是坚持实事求是原则，探索真理和捍卫真理；科学精神包括创造精神、求实精神、理性精神、批判精神、发展精神等。

（3）审美素质。大学生教育是追求真、善、美的实践活动，教育队伍需具备高尚的审美素质。包括审美观、审美感受力、审美鉴赏力、审美创造力等方面。教育队伍要学会运用美学尺度指导教学活动，让社会成员在学习知识、获得能力的同时，欣赏美、体验美，从而具有轻松愉快、积极向上的良好心态。

总之，提升大学生教育队伍的科学文化素质，有利于提高教育教学质量，为培养具有全面发展的社会主义建设者和接班人奠定基础。教育队伍成员应不断学习、充实自己，提高自身素质，以更好地完成教育任务。

4. 身体心理素质

大学生教育队伍的身体心理素质包括强健体魄、健康生活、正确认知、愉快情绪、坚忍意志、执着信念、合理需要、广泛兴趣、谦和气质、开朗性格、完整人格和高尚品质。这些素质对教育工作顺利进行、教师自身发展及社会成员全面发展具有重要意义。

（1）强健的体魄。教育队伍要有健康的身体素质，以承担日常教学工作和应对突发状况。

（2）健康的生活。保持良好的作息习惯和生活节奏，为身心健康提供保障。

（3）正确的认知。具备正确的世界观、人生观和价值观，有助于教育工作的开展。

（4）愉快的情绪。保持积极的心态，有助于创造和谐愉快的教学氛围。

（5）坚忍的意志。在面对困难和挑战时，具备坚定的意志力。

（6）执着的信念。坚定信仰，为教育事业不懈努力。

（7）合理的需要。满足自身需求，保持心理平衡，有利于教学工作。

（8）广泛的兴趣。丰富个人爱好，拓宽视野，提高自身综合素质。

（9）谦和的气质。展现教师风度，树立良好形象。

（10）开朗的性格。乐观积极，易于与人沟通，有利于教育工作。

（11）完整的人格。全面发展，具备良好的人际关系和心理素质。

（12）高尚的品质。秉持道德准则，为学生树立榜样。

具备良好身体心理素质的大学生教育队伍，能够更好地完成教育任务，促进学生全面发展，同时实现教师自身价值。教育队伍成员应关注自身身体心理素质的提升，以更好地为教育事业贡献力量。

5. 网络媒介素质

大学生教育者的网络媒介能力在现代教育中具有重要意义，主要包括四个方面的能力。

（1）运用网络媒介的能力。教育者要熟练掌握各类网络常用信息媒介的操作，如应用软件、浏览工具、搜索引擎、下载工具、电子邮件收发工具、互动交流工具等。同时，具备较高的外语水平，尤其是英语水平，以便更好地掌握和应用网络技术。

（2）分析、制作网络信息的能力。教育者要利用已获取的有价值信息，遵循大学生教育基本原理，结合网络应用，分析、创作出适合大学生网络教育工作的材料。这包括信息整合能力和创新大学生教育的能力，以适应网络时代的发展。

（3）培养大学生网络素养的能力。这是大学生教育者网络素养的最高目标和落脚点。他们需要将网络素养教育融入日常工作，通过教学过程传授给学生，从而提升学生的网络素养。

（4）在培养大学生网络素养的过程中，提升自身网络素养的能力。教育者要具备整合能力和融会贯通能力，将自己的人生经历和教育理念与网络素养教育相结合，以实现网络素养教育的有效开展。

总之，大学生教育者的网络媒介能力对于提高教育质量和培养社会主义建设者和接班人具有重要意义。教育者应不断提升自身网络素养，发挥网络媒介的优势，为大学生教育工作贡献力量。

（二）能力要求

大学生教育工作需坚持科学性、增强说服力、震撼力和穿透力，同时尊重教育规律。教育队伍要改变以教师为中心的理念，发挥学生能动性，让学生在思考、比较、鉴别中学习。

1. 教学能力

教学能力在教育队伍的能力结构中占据举足轻重的地位，它涵盖了教学信息的处理、传递及教学活动的组织和管理。教育者要想提高教学效果，就必须具备以下七个方面的教学能力。

（1）教学内容的处理能力。教育者要能够对教学内容进行合理整合、加工和优化，使之更具逻辑性、系统性和针对性，便于学生理解和掌握。

（2）教学方法的选用能力。教育者要根据教学内容和学生的特点，灵活选用恰当的教学方法，如讲授法、讨论法、案例分析法等，以提高教学效果。

（3）教学组织和管理能力。教育者要具备良好的课堂管理和组织能力，确保教学活动有序进行，营造有利于学生学习的氛围。

（4）教学反馈和评价能力。教育者要能够及时了解学生的学习状况，给予针对性的反馈和评价，以调整教学策略，提高教学质量。

（5）教学创新和改革能力。教育者要具备创新意识，不断探索和改进教学方法，以适应时代发展和学生需求。

（6）教学沟通和表达能力。教育者要善于与学生沟通，具备较强的表达能力和语言组织能力，使教学信息传递更加准确、生动。

（7）教学情感和态度。教育者要具备积极的教学情感和态度，关爱学生，尊重学生，激发学生的学习兴趣和动力。

只有具备上述教学能力，教育者才能更好地完成教学任务，为社会成员传递知识、技能和价值观，培养具有全面发展的社会主义建设者和接班人。

2. 教育能力

教育能力是衡量教育队伍综合素质的重要指标，主要包括八个方面。

（1）组织管理能力。教育者要具备良好的组织和协调能力，确保教育活动有序开展，提高教育效率。

（2）品德教育能力。教育者要具备对学生进行品德教育的能力，引导学生树立正确的世界观、价值观和人生观。

（3）处理偶发时间段的能力。教育者要具备应对突发状况和偶发事件的能力，以及时调整教学计划，保证教育的连贯性和完整性。

（4）指导社会成员生活的能力。教育者要具备指导学生生活的能力，包括心理健康、人际关系、职业规划等方面，帮助学生全面发展。

（5）创设活跃的学习气氛的能力。教育者要善于营造积极、和谐、有趣的学习氛围，激发学生的学习兴趣和动力。

（6）适应学生需求的能力。教育者要关注学生的个性差异和需求，灵活调整教学策略，提高教育的针对性和实效性。

（7）教育教学评价能力。教育者要具备对教育教学过程和成果进行评价的能力，以持续改进教育质量。

（8）不断自我提升的能力。教育者要具备持续学习、自我提升的意识，以提高自身教育能力，更好地为学生服务。

只有具备上述教育能力的大学生教育队伍，才能在实际工作中创造思维活跃、生动活泼的学习气氛，提高教育实效性，为培养具有全面发展的社会主义建设者和接班人奠定基础。

3. 教学艺术

大学生教育学作为特殊学科，对教师的理论水平、知识水平、思想境界、文化气质、语言艺术、交往技巧、人格修养等方面提出了更高的要求。教师需注重教学艺术和策略，结合受教育者、教学时间、教学方法、教学手段等因素，实现因材施教，使教学具有说服力和感染力。在教学过程中，教师需关注以下九个方面。

（1）理论水平和知识水平。教师要具备扎实的学科理论知识，不断更新知识结构，以满足大学生教育需求。

（2）思想境界。教师要具备较高的思想境界，以自身的价值观和教育理念影响学生。

（3）文化气质。教师要具备独特的文化气质，展现教育者的精神风貌。

（4）语言艺术。教师要具备较强的语言表达能力，使教学内容生动、形象、易懂。

（5）交往技巧。教师要擅长与学生沟通交流，建立良好的师生关系。

（6）人格修养。教师要以身作则，为学生树立榜样，培养学生的道德品质。

（7）教学艺术和策略。教师要注重教学方法的选择，结合教学时间、手段等因素，实现因材施教，使教学具有说服力和感染力。

（8）关注学生需求。教师要关注学生的个性差异和需求，调整教学内容和方法，提高教育的针对性和实效性。

（9）教学评价与反思。教师要对教学过程和成果进行评价，不断反思和改进教学，提高教学质量。

通过以上几个方面的努力，教师能够更好地完成大学生教育任务，为培养具有全面发展的社会主义建设者和接班人贡献力量。

4. 实践能力

理论知识学习的目的是指导实践，思想政治理论教师要根据大学生教育的专业知识和社会成员特点，实现理论联系实际，让学生在日常生活中体验和感悟理论知识，提高其观察问题、分析问题和科研创新能力。思想政治理论教学过程中，教师需关注以下八个方面。

（1）专业知识。教师要具备扎实的思想政治理论专业知识，以满足教学需求。

（2）了解学生和社会特点。教师要了解大学生的专业知识和社会特点，以便更好地进行教学。

（3）理论联系实际。教师要将以理论知识为指导，将其应用于实际教学中，让社会成员在日常生活体验和感悟理论知识。

（4）培养实践能力。教师要引导学生将理论知识运用到实际中，提高学生观察问题、分析问题、解决问题的能力。

（5）注重科研创新。教师要鼓励学生进行科研创新，培养学生的创新思维和科研能力。

（6）教学方法改革。教师要积极探索适应新时代的教学方法，提高教学效果。

（7）引导学生自主学习。教师要培养学生的自主学习能力，使学生能够在实践中不断学习和成长。

（8）反思与评价。教师要对教学过程和教学效果进行反思与评价，不断提高教学质量。

通过以上几个方面的努力，教师能够更好地实现思想政治理论教学目标，培养具有实践能力、观察力、分析力、科研创新能力的社会主义建设者和接班人。

第三节　构建大学生教育队伍建设的长效机制

大学生教育队伍作为高校思想政治工作的人才资源，对高校发展具有重要作用。目前大学生教育队伍存在总量不足、结构不合理的问题，制约了教育工作的深入开展。因此，加大人才引进力度，构建"以人为本"的人力资源管理开发体系，提升整体水平，是当务之急。在当前背景下，大学生教育队伍面临总量不足和结构不合理的问题，这直接影响了教育工作的深入推进。

一、加强高校理论课教师队伍建设

（一）高校理论课教师队伍的建设要求

针对高校理论课教师队伍及其建设问题，提出了建设要求，包括忠诚教育、教师结构、教学能力等方面。要求教师坚定信仰马克思主义，优化队伍结构，发挥党员教师带头作用，提高教学能力，尊重教学规律，调动学生积极性。为确保高校理论课教师队伍的建设，我们需要关注以下六个方面。

（1）忠诚教育。要求教师坚定信仰马克思主义，保持清醒头脑，正确认识形势，评价历史，坚持正确的政治方向。

（2）优化教师结构。探索建立以专职教师为主，专兼结合的教师队伍，选拔政治素质好、学术水平高、对学生有影响力的教师参与教学，并发挥党员教师和校领导的带头作用。

（3）提高教学能力。要求教师在教学中坚持科学性，增强说服力、震撼力和穿透力，同时尊重教学规律，运用生动的语言讲授教材内容，增强课堂吸引力，调动学生积极性。

（4）改革教学方法。改变以教师为中心的理念，充分发挥学生能动性，让学生在思考、比较、鉴别中学习，提高教学效果。

（5）关注教师成长与发展。为教师提供培训、晋升等机会，激励教师不断提高自身素质，以更好地服务于高校理论课教学。

（6）完善评价与激励机制。设立合理的评价指标，激励教师在教学工作中取得优异成绩，提升整体队伍水平。

通过以上措施，我们可以建设一支优秀的高校理论课教师队伍，为提高教育教学质量和培养具有全面发展的社会主义建设者和接班人提供有力保障。

（二）高校理论课教师队伍的建设目标

为了打造一支优秀的高校理论课教师队伍，需要关注以下四个结构性目标。

（1）学历结构优化。通过引进应届毕业生，充实教师队伍新生力量，同时加强在职教师的继续教育，提高整个队伍的学历水平，以提升教育教学质量。

（2）职称结构优化。调整教授、副教授、讲师、助教的比例，形成橄榄形的稳定结构，增加副教授和讲师比例，保持队伍的活力和竞争力。

（3）年龄结构优化。注重培养和选拔中青年教师，形成老中青相结合的教师队伍，以保证教学经验和创新精神的传承。

（4）专业结构优化。以马克思主义理论专业教师为主体，同时增加一定比例与学生专业相同或相关的理论课教师，以提高教学的针对性和实效性。

通过实现这四个结构性目标，可以构建一支综合素质高、专业能力强的高校理论课教师队伍，为培养全面发展的社会主义建设者和接班人提供有力保障。

（三）高校理论课教师队伍建设的实施

为建设优秀的高校理论课教师队伍，需要关注以下三个方面。

（1）提高教师自身综合能力。解决教师思想问题，加强道德教育，使其安心从事教学与科研工作；加强教师的科研能力，鼓励教师在教学之余更新知识结构，总结教育成果；提高教师的教学能力，关注学生心理，实施因材施教。

（2）加强教学、科研环境建设。推进教师人事制度改革，建立合理的职称评聘标准，加大教学权重；加强教师职前与职后的培训工作，提高教师的业务水平；提高教师待遇和地位，解决队伍不稳定因素，激发教师积极性。

（3）整合相关课程。提高对理论课的重视程度，发挥整体优势，做好学科建设工作，让教师感受到美好的发展前景。

通过这些措施，我们可以打造一支具备高素质、高水平的高校理论课教师队伍，为培养全面发展的社会主义建设者和接班人提供有力保障。

（四）高校理论课教师队伍的建设模式

1. 师范教育模式

师范教育模式是针对准教师进行职业教育的基本模式，包括经验模仿型、一元封闭型、多元开放型三种类型。经验模仿型侧重教师模仿实践经验进行教学；一元封闭型为独立师范教育体系培养教师；多元开放型更灵活、开放、综合，实现职前培养、入职辅导、职后提高三环合一。培养高校理论课教师的具体做法包括：改革培养定位，面向职业教育；设立资格认证，明确入职标准；推行在职继续教育，提升专业化水平。具体来说可以采取以下措施。

（1）改革高等师范思想道德教育的培养定位。由单一面向普通教育转变为同时面向职业教育，培养具备全面素质和职业素养的教师。

（2）设立资格认证。建立严格的教师资格认证制度，明确高校理论课教师的入职标准，确保教师队伍的质量和稳定性。

（3）在职继续教育。推行在职教师继续教育，提升教师的专业素质和教育教学能力，使其不断适应教育发展的需求。

（4）加强师范生的实践环节。在师范生的培养过程中，增加实践教学环节，让师范生在校期间积累丰富的教学经验，为未来从事高校理论课教学奠定基础。

（5）优化师资培训体系。针对高校理论课教师的需求，建立完善的培训体系，涵盖教学方法、学科知识、教育心理学等多方面内容。

（6）鼓励教师参与学术交流与合作。支持教师参加国内外学术交流活动，扩大视野，提高自身教育教学水平。

2. 校本学习模式

校本学习模式是教师以学习者身份，根据自身需求在学校进行学习，提高质量，促进专业可持续发展。该模式从高校校情、职业特点和教师需求出发，解决问题，有利于教师队伍发展。培养高校理论课教师的具体做法包括：建立学习共同体，共享学习资源；开展电子化学习，更新知识；举办教学观摩活动，提高业务能力；开展数字化教研活动，解决实际问题。

（1）建立思想道德教育专业的学习共同体。促进教师之间的沟通与交流，共享教学资源，共同提高教育教学水平。

（2）开展电子化学习。利用现代信息技术手段，如网络课程、在线讲座等，让教师及时更新知识，获取新信息，扩大知识面。

（3）举办教学观摩活动。为教师提供展示教学风采的平台，相互学习，提高业务能力，提升教学质量。

（4）开展数字化教研活动。利用网络平台，针对教学实际问题进行研讨和交流，共同寻求解决办法，提升教学效果。

（5）鼓励教师参与校本课程开发。结合学校特点和教师专业特长，开发具有特色的校本课程，提升教师教育教学创新能力。

（6）实施教师成长计划。为教师制订个人成长计划，关注教师职业发展，激励教师不断完善自我，提升自身素质。

通过以上措施，我们可以培养一支具备高素质、专业化的高校理论课教师队伍，为提高教育教学质量提供有力保障。

二、加强高校学生骨干队伍建设

（一）培养高素质的学生骨干队伍

为了培养一支高素质的学生骨干队伍，学校和相关部门可以采取以下措施。

（1）召开学生座谈会。定期举行座谈会，听取学生意见和要求，了解他们在校园工作中的困难，为学生提供帮助和支持。

（2）强化学生教育培训。对学生骨干进行系统性培训，提高他们的综合素质，尤其注重培养组织管理能力，为他们更好地服务同学和未来社会奠定基础。

（3）完善激励机制。设立合理的奖励制度，鼓励学生骨干在学习和工作中发挥积极作用，激发他们的积极性和创造力。

（4）创设锻炼平台。为学生骨干提供更多实践机会，让他们在实际工作中锻炼自己，提升综合能力。

（5）关注学生全面发展。注重培养学生的德智体美，促进身心全面发展，使他们成为适应社会主义事业建设的优秀人才。

（6）加强党团组织的引导。充分发挥党团组织在学生骨干队伍建设中的核心作用，引导学生骨干树立正确的人生观、价值观，坚定信仰。

通过以上措施，我们可以培养一支具备高素质、全面发展的学生骨干队伍，为加强和改进大学生人生观教育、实现高等教育全面发展目标提供有力支持。

（二）在实践中保证学生骨干的健康成长

学生骨干在校园工作中应遵循职责规定，防止"越俎代庖"现象。高校学生工作的"越俎代庖"表现在完成他人工作和承担教育工作者工作两方面。教育部门应加强对教育工作者的考察和监督，让其完成本职工作。学生担任校园工作要有限度，保证能在完成学习后业余时间完成工作。对担任学生骨干的学生进行监督，避免"有问题"的学生担任职务。

（三）建设合理的学生骨干队伍选拔机制

1. 科学设置岗位

高校团学组织分为学校、院系、班级三级，各级之间存在领导与被领导、管理与被管理的关系。制定或修改章程时，遵循"按需设岗、主次有别、锻炼队伍、宁缺毋滥"原则，明确岗位设置和学生数量。学生工作队伍建设中，学生骨干数量少而精，保证先进性；班级团学组织则增加学生骨干数量，提供更多锻炼机会。具体来说，学校和相关部门可以采取以下措施。

（1）明确团学组织架构。高校、院系、班级三级团学组织之间要有明确的领导与被领导、管理与被管理关系，确保组织运行的顺畅。

（2）制定合理章程。在制定或修改团学组织章程时，遵循"按需设岗、主次有别、锻炼队伍、宁缺毋滥"的原则，同时明确岗位设置和学生数量，为队伍建设提供依据。

（3）优化学生骨干队伍结构。在建设学生工作队伍时，注重学生骨干数量少而精，确保队伍的先进性。班级团学组织可适当增加学生骨干数量，为更多学生提供锻炼机会。

（4）培养锻炼学生骨干。通过举办各类活动、培训课程等，提高学生骨干的综合素质，培养他们成为具备领导力、组织能力和专业素养的优秀人才。

（5）加强团学组织的监督管理。对各级团学组织的工作进行定期检查与评估，确保组织健康发展，为学生工作提供有力支持。

（6）搭建交流与合作平台。加强各级团学组织之间的沟通与合作，分享经验、资源，共同为学生工作的发展贡献力量。

2. 严格遵循选拔标准

学生骨干队伍建设中，选拔标准应德才兼备、以德为先。重点关注学生的道德品质，严格限制道德品质有问题的学生加入。选拔标准包括：关心时事，坚持党的四项基本原则；具有为学生服务的热情，团结广大学生，以身作则；具备良好的组织管理能力，顾全大局，积极创新；正确处理团学工作与学习关系，努力学习，成绩良好。

为了建设一支高素质的学生骨干队伍，选拔标准至关重要，以下为具体选拔标准。

（1）道德品质优良。优先考虑关心时事、坚持党的四项基本原则的学生，确保队伍的政治方向正确。

（2）服务热情与团结协作。选拔具有为学生服务热情、善于团结同学的学生，以促进组织内部的和谐，提升凝聚力。

（3）组织管理能力。注重选拔具备良好组织管理能力的学生，他们能在大局观念下开展工作，具备积极的创新和进取精神。

（4）平衡团学工作与学习。选择能正确处理团学工作与自身学习关系的学生，确保他们在承担组织工作的同时，不影响学业成绩。

（5）个人素质全面。在选拔过程中，重视学生的综合素质，力求选拔出在各个方面都表现优秀的学生骨干。

（6）严格选拔程序。建立健全选拔机制，确保选拔过程公平、公正、公开，避免道德品质和个人素质有问题的学生进入队伍。

3. 合理制定选拔程序

为了确保学生骨干队伍的质量和稳定性，培养一支具有高素质、专业化的学生骨干队伍，为加强和改进大学生思想道德教育、实现高等教育全面发展目标提供有力支持。可采取以下具体建设措施。

（1）宣传与动员。积极引导学生骨干参与校园工作，提升他们的服务意识，为学校公共事务贡献力量。

（2）完善选拔制度。遵循选举制、任命制、公推公选制等选拔方式，确保选拔过程公平、公正、公开。

（3）优化选举形式。直接选举和间接选举相结合，让更多学生参与到学生骨干的选拔过程中。

（4）规范任命制。针对新入学的一年级学生，采用任命制选拔学生骨干，逐步过渡到其他选拔方式。

（5）公推公选制的实施。在广泛推荐和学生自荐基础上，通过公开答辩、组织考察等形式产生学生骨干。

（6）公布选拔结果。在选拔结束后，及时公布结果，接受广大师生的监督，确保队伍的公正性和透明度。

（7）建立健全激励机制。为学生骨干提供一定的奖励和保障，激发他们的工作积极性与责任感。

三、加强高校辅导员队伍建设

（一）辅导员队伍建设的意义

1. 辅导员队伍建设是实现大学生融入社会的重要渠道

大学生主要通过网络、媒体、周围人群和自身体验了解社会，但这些渠道存在一定弊病。辅导员队伍建设能克服这些缺陷，为大学生提供全面的社会图景。辅导员具有社会经历，能正确分辨社会现象，为大学生筛选重要信息；了解大学生心理困扰，为他们提供有针对性的指导；代表学校与社会精英联系，进行励志教育；关爱大学生，为他们的健康发展贡献力量。

（1）经验丰富。辅导员通常具备一定的社会经历，能分辨社会现象，为大学生呈现经过筛选的重要信息。

（2）了解大学生需求。辅导员曾是大学生，了解他们的心理困扰，能够有针对性地提供指导，助力他们顺利完成学业。

（3）联系社会精英。辅导员代表学校与社会精英互动，将他们的奋斗经历真实呈现给大学生，激发励志教育。

（4）关爱大学生成长。辅导员怀着对大学教育事业的忠诚与热爱，为大学生的健康发展贡献自己的力量。

（5）全面素质教育。辅导员在引导学生了解社会的同时，注重培养大学生的德智体美全面发展，使他们成为社会所需的人才。

（6）增强大学生社会适应能力。辅导员协助大学生克服网络、媒体等渠道带来的负面影响，提高他们的社会适应能力。

辅导员队伍建设能为大学生提供一个全面、宏观的社会图景，帮助他们更好地了解社会、成长和发展。

2. 辅导员队伍建设是实现高校健康发展的重要组织力量

高校改革发展需稳定环境。随着扩招，高等教育进入大众化阶段，辅导员在此过程中起到重要作用。辅导员归拢大学生，以集体身份面对社会，帮助大学生多角度观察；有序引入社会信息，有助于大学生平静正视社会现象。建设辅导员队伍对学校工作具有支撑作用，他们是重要人力资源，有助于高校稳定发展，引导大学生成长，促进优秀校园文化的形成。

辅导员队伍在高校改革发展中发挥着至关重要的作用，为校园的稳定发展、大学生的健康成长和优秀校园文化的形成提供有力支持。辅导员队伍具体在以下方面发挥作用。

（1）人力资源保障。辅导员是高校稳定发展的重要支柱，有助于校园秩序的维护和各项工作的顺利进行。

（2）引导大学生发展。辅导员协助大学生形成优秀的校园文化，促进学生全面发展，提高他们的社会竞争力。

（3）信息传递与整合。辅导员将社会信息有序引入校园，帮助大学生更好地了解社会，培养他们的社会意识。

（4）集体认同感培育。辅导员将大学生团结起来，以集体的身份面对社会，增强学生的归属感和集体荣誉感。

（5）校园文化创新与发展。辅导员作为校园文化的积极建设者，鼓励优秀文化健康成长，推动校园文化的繁荣与发展。

（6）强化高校与社会联系。辅导员作为高校与社会的纽带，促进校企合作、校友交流，为高校的持续发展创造有利条件。

（二）辅导员队伍建设的主要内容

1. 辅导员的工作职责

辅导员在大学生的思想道德教育、价值观引导、校园稳定、党团建设、实践教育及舆论引导方面发挥重要作用，助力学生全面发展。

（1）理论武装。用马克思列宁主义等先进理论培育大学生，营造良好的思想道德教育氛围。

（2）价值观引导。深入理解国家政策，针对大学生身心发展特点开展思想道德教育，帮助他们树立正确的世界观、价值观。

（3）关心学生。关注学生学习生活，解决成长烦恼，及时处理突发事件，维护校园安全和稳定。

（4）推进党团建设。积极推动党建、团建及班级建设，利用网络空间进行党员和团员教育，创建良好沟通平台。

（5）实践教育。组织大学生参与社会实践，如军事训练、社会调查等，培养学生的社会责任感和实践能力。

（6）舆论引导。关注网上舆情，分析学生思想动态，以平等身份参与话题讨论，引导舆论走向正确方向。

2. 健全辅导员工作制度

（1）主题班会。定期举办，集中开展思想道德教育，解决学生问题，创新形式，提高班级校园文化氛围。

（2）师生常规联系。定期与学生沟通，熟知学生情况，及时解决学生问题，获得积极反馈，促进学生健康成长。

（3）谈心谈话。与学生谈话，了解学生思想和生活情况，关注学生心理发展，进行励志教育，鼓励学生发挥正能量。

（4）研究和培训。提高辅导员自身素质，定期组织培训班，学习课堂讲授方法，党政理论学习，确保辅导员始终与党站在一起。

辅导员要在以上方面充分发挥积极作用，助力大学生思想道德教育、健康成长和校园文化建设。

参考文献

[1] 陈云山，张晓峰. 新时代高等教育发展研究［M］. 北京：高等教育出版社，2018.

[2] 吕祖善，李志强. 新时代大学生思想政治教育创新发展［M］. 北京：人民出版社，2019.

[3] 周志华，杨玉良，张丽华. 新时代大学生创新创业教育研究［M］. 北京：中国社会科学出版社，2018.

[4] 胡永斌，周利平，陈秀梅. 新时代大学生素质教育研究［M］. 北京：教育科学出版社，2017.

[5] 王慧，刘红，张莉. 新时代大学生个性化教育研究［M］. 北京：人民出版社，2019.

[6] 李丹阳，唐小敏. 新时代教育技术现代化研究［M］. 北京：中国社会科学出版社，2018.

[7] 高明，黄宇，邓晓红. 新时代教育治理体系改革研究［M］. 北京：教育科学出版社，2017.

[8] 马建民，王丽君，赵翠莲. 新时代大学生教育国际化的挑战与机遇［J］. 高等教育研究，2018，36（2）：48-52.

[9] 吕慧琴，张红霞，杨晓霞. 新时代大学生教育政策研究［J］. 教育研究，2019，38（1）：68-73.

[10] 张雨，刘婷婷，蔡瑞明. 新时代大学生教育质量保障与评估研究 [J]. 中国高教研究，2017，28（6）：42-46.

[11] 张杰，李婷婷，赵宇鹏. 基于信息技术的大学生教育教学创新研究 [J]. 现代教育技术，2018，28（4）：65-69.

[12] 陈洁，刘燕华，王芳. 新时代大学生家庭教育研究 [J]. 家庭教育导刊，2019，5（3）：35-39.

[13] 田素华，王静，李晓芳. 新时代大学生心理素质教育研究 [J]. 中国心理健康，2017，23（4）：278-282.

[14] 孙艳，李伟，崔静. 新时代大学生社会责任感的培养与教育 [J]. 思想政治工作，2018（11）：65-68.

[15] 胡荣华，刘红梅. 新时代大学生全球视野教育研究 [J]. 高教探索，2019，10（6）：54-58.

[16] 刘强，李明，王瑞. 新时代大学生生涯规划教育研究 [J]. 中国大学生就业，2017（12）：25-28.

[17] 薛维华. 新时代大学生创新能力培养研究[J]. 高等理科教育，2016（6）：34-37.

[18] 李金泽，赵萌萌，杨慧. 新时代大学生团队合作能力培养研究 [J]. 教育教学论坛，2019（1）：169-172.

[19] 李丹，张晓洁，吴梦婷. 新时代大学生社会实践教育研究 [J]. 当代教育论坛，2018（4）：72-75.

[20] 陈磊. 新时代大学生诚信教育研究 [J]. 教育理论与实践，2015（12）：79-81.

［21］魏华. 新时代大学生网络素养教育研究［J］. 现代教育管理，2016
（5）：61-64.

［22］孙莹. 新时代大学生生态文明教育研究［J］. 环境教育，2017（3）：
84-86.

［23］胡立刚. 新时代大学生体育教育研究［J］. 体育科学研究，2015
（1）：45-48.

［24］王彦娟. 新时代大学生艺术教育研究［J］. 艺术教育研究，2016
（4）：108-110.

［25］朱立平. 新时代大学生健康教育研究［J］. 中国学校卫生，2015
（11）：121-123.

［26］赵晓. 新时代大学生心理健康教育研究［J］. 心理发展与教育，2016
（3）：56-60.

［27］吕婧. 新时代大学生家庭教育与学校教育协同研究［J］. 教育科学
研究，2017（6）：77-81.

［28］张婷婷. 新时代大学生社区教育研究［J］. 终身教育研究，2018
（4）：48-51.

［29］肖遥. 新时代大学生在线教育研究［J］. 网络教育研究与实践，
2019（1）：12-16.

［30］杨柳. 新时代大学生国际化教育政策研究［J］. 教育政策研究，
2016（2）：63-67.

［31］黄敏. 新时代大学生教育评价体系研究［J］. 教育理论与实践，
2015（11）：82-85.

［32］ 魏鹏. 新时代大学生教师队伍建设研究［J］. 高等教育研究，2017，37（4）：79-83.

［33］ 周敏. 新时代大学生校际交流合作研究［J］. 教育科学研究，2018（5）：82-86.

［34］ 邓丽. 新时代大学生实习实训教育研究［J］. 职业教育研究，2016（3）：45-48.

［35］ 李娜. 新时代大学生学术诚信教育研究［J］. 高教探索，2015（6）：54-58.

［36］ 王巍. 新时代大学生志愿服务教育研究［J］. 思想政治工作，2017（12）：72-75.

［37］ 刘冰. 新时代大学生环保教育研究［J］. 环境教育，2015（4）：77-79.

［38］ 孙敏. 新时代大学生安全教育研究［J］. 中国学校卫生，2015（7）：83-85.

［39］ 陈燕. 新时代大学生消费教育研究［J］. 教育教学论坛，2017（3）：158-160.

［40］ 马静. 新时代大学生财经素养教育研究［J］. 现代教育管理，2015（6）：58-61.